田中和彦

JN276232

威厳の技術［上司編］

GS 幻冬舎新書 111

はじめに

小泉純一郎さんと麻生太郎さん。

もし、あなたが仮にこの二人のどちらかの部下だったとしたら、どちらの上司のほうが、部下としてやりやすいですか？

小泉上司は、部下と飲みに行くことなど滅多にありません。仕事が終われば、さっさと家に帰ってクラシックを聞きながら歴史小説でも読むような頑固者タイプです。一方の麻生上司は、毎晩のように同僚や部下を誘っては、ホテルのバーや居酒屋でオヤジギャグを連発させる気さくなタイプです。麻生上司が読むのは、当然マンガ本です。

親しみやすさから言うと、やりやすい上司は圧倒的に麻生さんでしょう。どんな部下からも好かれる傾向にあります。ただ、親しみやすさは、決して悪いことではありませんが、ひとつ間違うとナメられやすさにつながります。

一方の小泉さんですが、自分の決めた方針に対する揺るぎない一貫性と、目標達成のためには手段を選ばない冷徹さがあり、気が抜けない上司として、その部下は常に緊張感を強《し》いられます。

どちらが「こわい」上司かと言うと、断然小泉さんです。


イタリア中世の思想家マキアヴェッリは、『君主論』の中でこんなことを言っています。

「君主にとっては、愛されるのと怖れられるのとどちらが望ましいであろうか？　当然のことながら、両方を兼ね備えているのが望ましい。しかし、現実には難しい。それで、どちらか一方を選ぶしかないわけだが、私は、愛されるより怖れられるほうが、君主にとって安全な選択だと言いたい」と。

その理由として、人間には、怖れている者よりも愛している者のほうを容赦なく傷つけるという性向があることを挙げています。

どんな人の心の中にもある「恐怖心」が、権力を形成するのに、大きな役割を果たしていることを言い得ていて、興味深い内容です。しかし、現代の日本は、絶対的な権力が支配していた中世とは違います。「恐れ」で人をマネジメントすることはできません。ただ、同じ「おそれ」でも、「畏れ」はマネジメントにおいて非常に重要な意味を持つと思っています。

「畏れ」と「恐れ」の違いは何でしょうか？

「恐れ」は恐怖心のことですが、「畏れ」は「畏敬の念」などという言葉にも使われるように、力量や実力や存在感に圧倒されて参ること、敬いの心が生じてかしこまること、です。

小泉純一郎さんの「こわさ」とは、ここで言う「畏れ」に近いものです。さらに言葉を換えれば、「威厳」とも表現できます。

上司にとって、この「威厳」（＝「こわさ」や「畏れ」）を身に付けられるかどうかは、マネジメントをうまく行うための重要な鍵になります。部下が畏れを抱くような「威厳のある」上司になれば、あなたは部下に対して大きな影響力を発揮できるようになります。部下にナメられることもありません。

私はかつて、成長著しいリクルートという会社の人事課長という立場で、数多くの管理職の人たちを見てきました。管理職への昇進の判定会議に立ち会ったり、管理職研修の場で彼らが直面する悩みを聞いたり……と、ことあるごとに「リーダーシップとは何か？」「マネジメントとは何か？」について考えさせられてきました。その後、転職情報誌の編集長になったときも、ベンチャー企業や老舗企業の経営者になったときも、「人の上に立つ者」のあるべき姿について、考えない日はありませんでした。

そして今、私が言えることは、どんなに企業規模や企業体質、組織の中での立場が変わろうとも、望ましい上司像はずっと変わらないということです。

「部下に対して大きな影響力を発揮している上司のマネジメントスタイルには共通するものがある。それは、威厳というものを身に付けているかどうかである」。この本を書くきっかけは、そんな思いからでした。

本書『威厳の技術［上司編］』は、部下に対して戸惑い、弱腰になりがちな昨今の上司たちへのエールなのです。威厳（＝「こわさ」や「畏れ」）を身に付けることによって、「部下からナメられずに、強く信頼される上司であって欲しい」という気持ちが根底に流れています。

ちなみに、マネジメントやリーダーシップという言葉は、社長や役員など経営のトップの人たちが使うときと、課長やマネジャーなど、現場で部下を抱える中間管理職の人たちが使う場合とでは、まったく違った意味になります。この本では、日々、部下とのやり取りの中で、業績責任を負わなければならない〝後者の人たち〟を対象に、メンバーマネジメントの基本について解き明かしていきます。

難しい理論やあるべき論を述べるつもりはありません。今までに経験してきた具体的な事例などをふんだんに盛り込みながら、威厳のある上司像をお伝えしていきますので、是非とも今後の参考にし、役立てていただければと思います。

「威厳の技術を学べば、もう部下なんて怖くない！」。これが合言葉です。

威厳の技術［上司編］／目次

第四章　リスクを背負う

第五章　ブレずに判断する

第六章　期待し、任せる

序章 なぜ、上司は部下にナメられるようになったのか？

「上司はつらいよ」と、愚痴のひとつもこぼしたくなる上司受難の時代

「管理職が、こんなに割の合わない仕事だとは思いもしませんでした」

最近、こんな愚痴を聞かされてばかりです。私は、大手から中堅企業まで、新任マネジャー（管理職）研修の講師を依頼されることが多いのですが、本来ビジネスマンとして最も活躍が期待される管理職がこのありさまです。昇進し、前途洋々、意気揚々であるはずの人たちなのに、なぜだかみんな疲れきった表情なのです。

研修の懇親会の場では、受講者たちから、「部下の考えていることが理解できない」「部下との接し方がわからない」「理屈っぽい正論で突き上げられる」「相談事にうまく答えられない」「叱れない」「叱り方がわからない」「叱ったら、逆ギレされて困った」「部下にナメられている」などなど、部下に対するマネジメントでの悩みが噴出してきます。

そして、みんな一様に、「自分たちが若かったころはこんな風じゃなかった。もっと素直に上司に従ってきた。今の若い連中は異星人だ。マネジメント方法も変えなくては

ならない」などと、自分の能力不足を時代が変わったことのせいにしてしまうのです。

日常のマネジメント業務に疲弊しているのは、何も新任管理職だけではありません。大手企業のベテラン課長のような人でさえ、「マネジメントだけすればいい時代ではなくなった。管理者としての役割と同時に、プレーヤーとしての役割も期待される。予算や目標数字を抱えながら、メンバーの評価や人材育成まで、やってられない！」と、こぼす始末です。現場の仕事を自ら第一線で担いながら、部下のマネジメントまでしなければいけないなんて、誰だって頭を抱えたくなります。


しかし、本当に時代が変わったことだけが理由なのでしょうか？

確かに、時代の変化には激しいものがあります。いろんな面で、会社を取り巻く環境は急速に変わってきました。

まず何より、人材の流動化が進み、転職が当たり前の世の中になったので、ひとつの会社に縛られることが少なくなりました。そして、評価についての考え方も、年功序列という考え方から、能力主義、成果主義へと移行しています。商品そのものについても、

「作れば売れた」という時代に比べ、いくつもの付加価値がなければ商品は売れなくなり、「作る」人から、「考える」人に比重が置かれるようになりました。また、多くの人が言っているように、情報環境の変化――携帯電話やパソコン、電子メールの文化の浸透――によって、社内コミュニケーションや組織のあり方そのものが見直されているのも事実です。

ただし、どんなに会社や組織を取り巻く環境が変化しようとも、上司と部下の関係を突き詰めていくと、そこには人間と人間がいるだけのことで、非常にシンプルな関係なのです（5000年前の古代エジプトのパピルスに書かれていた文字を解読したら、「今の若い者は……」という愚痴だったというエピソードは有名です。人間の本質は、いつの世も変わらないものなのかもしれません）。

このように、古代ローマであろうと戦国時代であろうと、上司と部下の間における問題というのは、時代を超えて普遍的で、共通するものがあるはずです。いつの時代にも、ダメな上司がいる一方で、部下から信頼される上司がいたはずなのです。

「いざとなったら辞めればいい」という部下意識が、上司の立場を弱くした

かつて、上司は絶対的な存在でした。上司に逆らうことは、勤め人である部下にとっては致命的だったのです。それは、上司が人事権を握っていたからです。上司に嫌われると、人事考課での査定点を下げられたり、好まぬ地に左遷させられたりしました。逆に、気に入られようと、ゴマをすったり、季節ごとに贈答品を送る部下までいました。それほど「上司という立場」は、非常に強いものだったのです。

しかし、最近では、「上司の立場」だけで部下に言うことを聞かせようとしても、難しくなってきました。なぜでしょうか？

それは、部下が最後の最後には「辞めてやる！」という選択権を持つようになったからです。その会社の中でしか生きていけないのであれば、嫌な上司であろうとも、絶対服従をしなくてはならなかったでしょうが、今は違います。

この10年で、転職を取り巻く環境は大きく変わりました。きっかけは、誰もが予想もしなかった大手金融機関の経営破綻です。終身雇用、年功序列といった日本的経営の考え方が根底から覆されてきたのです。

それ以前から、徐々に転職が当たり前の世の中にはなってきていましたが、働き手の気持ちが大きく一変したのは、このときからです。「入社した会社で定年まで勤めることが当たり前」だと思えなくなってきたのです。

案の定、人材の流動化が一気に進みました。第二新卒という言葉が生まれ、それなりの職歴がなければ転職できなかった若年層までもが、転職市場に参入してきたのです。「いざとなったら、辞めてしまえばいい」と誰もが考え始めたわけです。

「今の会社以外に働く場がない」と考えるのと、「他の会社でも働ける」と考えるのとでは、精神状態がまったく違います。独裁国家が、君主への絶対服従を可能にしているのは、民衆に他の選択肢がないからです。逆らえば殺されるという恐怖心が、君主への忠誠心を強固なものにしているのです。いつでも国外脱出が可能なら、独裁国家は成立しません。

転職という選択肢を得た働き手は、「上司というだけの立場」に対して、ひれ伏すことがなくなりました。上司というポジション自体の価値が薄れ、その結果、上司としての本質が、より問われるようになったのです。

上司が部下から評価される時代になった

最近、管理職の人事考課に、部下からの評価を反映させる企業が増えてきています。俗に360度（全方位）評価と呼ばれる制度で、評価対象が課長なら、上司である部長以外に、同僚の課長や部下からも評価されるものです。

「下手なことを言うと、マイナス評価される」「怒ると、パワハラだと逆ギレされる」など、今では上司のほうが部下に神経質になっています。人事考課が近づくと、急に部下にやさしく接したり、ご機嫌を取る上司まで現れるというのは、実は笑えない話なのです。

逆に、部下への評価で逆襲しようにも、今度は、複数の上司が部下を評価する180度（多面）評価制度の導入のおかげで、変な評価をつけようものなら、「上司失格」の烙印《らくいん》さえ押されかねません。

上司が部下を一方的に評価する時代は終わったのです。上司が部下から評価される時代になり、部下にひれ伏す上司が現れても何らおかしくはないのです。

……このように時代は変わりました。

しかし、「上司の立場」だけでマネジメントできる時代は終わっても、マネジメントの本質が変わったわけではありません。繰り返しますが、上司と部下の関係は、古今東西いつの時代でも変わることがないと私は考えています。ダメな上司はいつまでもダメであり、頼れる上司はどんなときにも頼られるものなのですから。

上司としての本質が問われる時代になったからこそ、上司のありようを考え、身に付けていく必要があるのです。

部下にナメられがちな上司に共通して見られる傾向があります。それは、本来、上司として身に付けなければならないことを無視して、「上司という立場」だけを利用し、昔ながらの強権的なマネジメントをしてしまおうというものです。

「これは上司命令だ」「課長である俺の言うことが聞けないのか？」「俺はお前の上司なんだぞ！」などと声を荒らげても、上司としての器量が伴っていなければ、その場で拒絶されるか、陰で嘲笑《ちょうしょう》されるのがオチです。民主国家では恐怖政治が通用しないように、上司が人事権を振りかざしたところで、部下の返り討ちに遭うのが関の山です。

はじめにに書いたように、部下に対して大きな影響力を発揮し、マネジメントをうまく行うためには、部下が畏れを抱くような「威厳のある」上司になることです。

昇進したからマネジメントできるのではなく、マネジメントできる人が昇進する

「田中さん、なぜ私は課長になれないんでしょうか？」

私がリクルートで就職情報誌の編集長（部長職）だったときに、ある男性社員からこのような質問をされたことがあります。彼は、同期入社の社員が次々と課長に昇進していくのをよそ目に、自分だけが遅れをとってしまっていると感じていたのです。

私はじっと彼の目を見て、おもむろに聞き返しました。

「課長をやれる自信はあるの？」

彼は、一瞬だけ戸惑いの表情を見せたのですが、それからキリッとした顔つきに変わり、こう言いました。

「やってみなければわかりませんが、課長になりさえすれば、やれる自信はあります」

私は内心やや落胆してしまいました。というのも、「もう自分はすでに課長の仕事をやっていますよ」という言葉を期待していたのです。

そこで、彼を勇気付けるために次のようなアドバイスをしました。

「やってみないとわからないんじゃなくて、まずは課長の仕事ができるようになろうよ。課長に昇進したから課長の仕事ができるようになるわけじゃなくて、すでに課長の仕事をしている人が、課長になるんだよ。課長の仕事ができるようになれば、キミも昇進できると思うよ」と。

やや突き放した荒っぽい言い方だったかもしれませんが、事実、リクルートの昇進の基準は、昇進後の仕事をすでにその前のポジションでやっていたかどうかだったのです。

課には、必ずゼロワン（01）という名前のチームリーダーがいました。課長をいろんな意味で補佐する立場です。その課長代理のようなポジションで、課長に相当する仕事ができていなければ、やはり課長昇進は見送られます。

件《くだん》の彼も、ある営業所のゼロワンだったのですが、自分の営業数字にばかり必死で、メンバーの面倒を見たり、積極的に営業所全体の運営に関わってはいませんでした。

私の話を聞いた彼は、ハッと何かに気付いた表情をすると、「今まで、そんなこと思ってもみませんでした」と言い、「また今度、あらためて相談に来ます」と帰っていきました。実はそれから、あらためて相談に来ることなく、その前に課長に昇進しました。私のアドバイスの後、「課長になったら」ではなく、「課長になったつもり」で仕事をしたそうなのです。結果は1年も待たずに出たのです。

＊

このように、管理職という立場になったから管理職の仕事（マネジメント）ができるわけではなく、すでに管理職の仕事（マネジメント）が実際にできている人が、結果として名実ともに管理職になるのです。誰が見ても管理職に相応《ふさわ》しいと思われる人は、自《おの》ずと管理職に昇進するというわけです。

マネジメントはセンスや才能ではなく、技術である

マネジメントを、センスや才能だと言う人がいます。しかし、私はそうは思いません。マネジメントは技術です。努力と経験さえ積めば、誰でもその技術を向上させること

が可能です。

スポーツの世界でも、「名選手、必ずしも名監督（名コーチ）ならず」という言葉があるように、選手としての才能は、生まれついたものかもしれませんが、マネジメントの能力は、後天的なものだと思うのです。

また、マネジメントというものは、本人が希望するしないにかかわらず、役割としてやらざるを得なかったり、周囲から期待されて身に付けていくものだったりするのです。

マネジメントが、センスではなく技術であるということを説明するために、私自身が学生のときに経験したアルバイトのことを話しましょう。

私は、大学4年生のときに、同じ大学の先輩から紹介され、あるテレビ局の報道局でバイトをすることになりました。その報道局には、同じような学生のバイトが30人ほどいました。

何よりユニークだったのは、そのバイト集団は「C班」と呼ばれ、報道局の中の独立したひとつの組織のように機能していたことです。そもそも半年という契約期間が厳格に決められており、誰かが契約満了で辞めると、次の誰かが新たに入社するという具合に、常に半年サイクルの中で、人材の新陳代謝が行われていたのです。

さらに面白いことには、その組織には社員はおらず、バイトだけで運営されており、社歴の長い者（と言っても最長で6ヶ月なわけですが）が「長老」と呼ばれ、その「C班」をマネジメントしていたのです。

仕事の内容は、朝、昼、夕方、夜のニュースのアシスタント業務全般です。テロップ（字幕）の作成、報道スタジオでの補助作業、配信記事のチェックと配達など、アシスタントとはいえ、重要な任務を受け持っていました。もちろん常時30人が稼動しているのではなく、泊まり込みまで含めて、5人〜10人くらいが常駐するようにシフト制になっていました。

その組織では、徹底した年功序列システムが敷かれており、どのシフトであろうとも社歴の長い者が責任者として指揮を執り、業務分担の配置から、ニュース速報などのイレギュラーな事態への対応の判断、メンバーの勤務日程の調整など、いわゆるマネジメント業務を執り行っていました。この「C班」では、年齢が逆転していようが、同じ大学での学年が上下逆であろうが、社歴の長い者が絶対というルールでした。つまり、大学では後輩でも、この組織で先輩なら「さん付け」で呼ばなくてはならないのです。新人が入ってくると、歓迎会が開かれ、その上の先輩が一から業務の教育を行います。序列が上がるに従い、その序列に相応しい業務を担当し、先輩からのノウハウが延々と引き継がれていったのです。

言ってみれば、このたった半年間の中に、年功序列企業の縮図があったわけです。

私がバイトを始めたときに、私より年下の「長老」がいたと記憶していますが、その板についたリーダーぶりに圧倒されたのを覚えています。「自分も半年後には、あんな風に全体を仕切ることができるのかなあ」と不安にもなりました。

しかし、半年後に自分が「長老」になると、当たり前のようにマネジメント業務を行っていたのです。新人が来ると、まずこの「C班」のルールを説き、それなりの時間を取ってコミュニケーションを図り、組織の統制を保つべく、役割を全うしていました。「風邪で熱がある」と休みの連絡が入ると、非番の者にピンチヒッターを依頼し、シフト表の調整まで行うのです。

「長老」の私が、「こいつ、線が細くて、大丈夫かな？」と思っていた「新人」が、半年後（テレビ局に差し入れを持って挨拶《あいさつ》に行ったとき）には、テキパキと後輩たちに指示している姿を見て、「へえ。人というものは変われば変わるものだ」と感心したのを覚えています。

＊

このように、マネジメントというのは、先天的なセンスというより、経験や学習、役割によって身に付く後天的な技術であり、努力によって、磨きをかけられるものでもあるのです。

最後の最後に、上司を上司たらしめるのは、腹のくくり方である

マネジメントが、いくらでも磨くことのできるスキルだということをおわかりいただけたと思います。ただ一方で、スキルだけでは不十分なものでもあります。

これは、スポーツや芸術などにも関連することかもしれませんが、ある程度の技術が身に付くと、そこから上の領域に入るには、「魂」とか「気合い」が込められなければなりません。

オリンピックや世界大会の場で、自己記録が塗り替えられやすいのは、アスリートにとって、特別な大会では気持ちの昂《たか》ぶり方が違うからだと思います。つまり、技術レベルの上に、精神レベルの何かが加わることで、それ相応の結果が出るわけです。

私は、新任マネジャー研修などの場で、新しく管理職になった人に必ず尋ねるようにしていることがあります。

「管理職になるという腹はくくれていますか？　どんなことがあっても、管理職の役割を全うするという覚悟です。その覚悟がなければ、今すぐその立場を返上したほうが身のためですよ」と。

「覚悟」という言葉にひるんでしまうようでは、「畏れ」や「威厳」を手に入れることはできません。「覚悟」の違いが、彼らのその後を決定づけるのです。大きく成長する人もいれば、管理職として結局メンバーから受け入れられずに、降格の憂き目に遭う人もいるというわけです。

以上、マネジメントの基本は、「技術」と「覚悟」。

この序章では、まず、このことを頭に入れておいていただければと思います。

序章のまとめ

① 「上司という立場」だけで、部下をマネジメントできる時代は終わった。

② 上司として部下に大きな影響力を発揮するには、「威厳」が必要。

③ 管理職になったからマネジメントできるのではなく、マネジメントできている人が結果として管理職になる。

④ マネジメントは「才能」ではなく、経験や努力によって磨きのかかる「技術」である。

⑤ 責務を全うするという「覚悟」がなければ、管理職になどならないほうが身のため。

第一章

畏れを身に付ける

朝一番の出社で、マネジメント問題の大半が解決する!?

「大事なのは、重々しいことじゃない。微笑むだけでいい。人は微笑みで報われる。人は微笑みで生かされる。命を捨ててもいい、と思うほどの微笑さえあるのだ」

――サン＝テグジュペリ（「ある人質への手紙」より）

「覚悟」さえあれば、明日からでもすぐに実行可能なこと

この章から、理想とする上司像になるための具体的な方法、つまり、あるべきマネジメント技術について解説していくわけですが、第一章に何を持ってくるか、非常に悩みました。この本を手に取ってくれた人が、パラパラと立ち読みしたときに、最初に書かれている内容があまりにも当たり前のことで拍子抜けして、「なんだ、こんなことか」と本を棚に戻してしまわないかと心配になったのです。

しかし、よくよく考えた上で、あえて最初にこの話を持ってくることにしました。

＊

新任マネジャー研修において、新たに管理職になった人たちから最も多い質問が、「メンバーから信頼される上司になるには、どうしたらいいでしょうか？」というものです。

ひと言で答えるには難しい質問ではあるのですが、今すぐにやろうと思えば誰にでもできることで、しかも最も効果的な方法があるのです。そう言うと、たいていの受講者

は目を輝かせながら、身を乗り出してきます。

ただ、私の言う内容があまりにも普通のことなので、誰もが一瞬ガッカリした表情をします。それでも、いくつかの事例をもとにそのことを説明して、「だまされたと思って、やってみたら」と言うと、必ずその受講者の内の何人かは、それを実行してくれます。

そして……。しばらくすると、実行してくれた方は「田中さんの言っていることがよくわかりました。間違いありません」と私に声をかけてくれます。実際、この方法を実行した人は、100％、その効力に自信を持ってくれます。

ここでは、その「誰にでもすぐにできて、最も効果のある方法」から話を進めることにしましょう。

序章で、マネジメントは技術だと言いましたが、技術を習得するには時間がかかります。技術の習得には、「経験」も重要なファクターになるからです。より多くの場数を踏むことで、人は成長する生き物です。成長にはある程度の時間が必要なのです。

ただし、今から話をするマネジメント法は、特別な技術も要らなければ、時間もかかりません。むしろ必要なのは、やり続ける「覚悟」のほうなのです。

部下の誰よりも朝早く出社することで、「畏れ」を手に入れる

いきなりですが、その究極の方法について話しましょう。

それは、「毎日、部下の誰よりも朝早く会社に出社し続ける」というものです。

ほとんどの人が、「なんだ、そんなこと」と思うでしょう。しかし、この方法、やってみると意外に大変なことなのです。それなりの「覚悟」が必要になります。

これは、〝どんなときでも〟〝誰よりも〟早く出社しなくては意味がありません。ときどき実行するだけでは、しないのと同じです。誰よりも早いという時間がわからなければ、とりあえず、いつもあなたが出社する1時間前には、会社に行ってみることです。

すると、そこから見えてくるものがあります。

部下の誰が、いつも何時ごろ出社してくるのか？　みんなどんな表情で毎日出社してきているのか？　元気よく出社しているのか？　疲れた表情なのか？……などなど。

半信半疑の人は、とにかくやってみてください。まず、あなたの部下に対する観察力

（部下についての情報量ということです）が違ってきます。それから、部下のあなたを見る目が違ってきます。

「○○課長って、いつも朝早いよね。一体何時ごろ来ているのかな？」などという声がささやかれ始めたら、あなたは「畏れ」を手に入れ始めていると思ってもいいでしょう。

どんなに前の日に飲みすぎたとしても、そんなときほど早く出社することです。送別会や打ち上げで部下と一緒に飲んだ翌日に、上司が遅刻してしまうようでは、他の日にどんなに朝早く来ていても、すべてが台無しになります。

まず、「覚悟」を決めてください。そして、「覚悟」を決めたら、明日から実行してください。後は、ひたすら毎日続けることです。

なぜこのようなことを勧めるかと言うと、「覚悟」を見せることこそが、部下に「畏れ」を感じさせる最大の武器になるからです。前日の夜、遅くまで部下に付き合ってくれた上司が、翌日の朝、誰よりも早く出社してきているとしたら、部下はその上司に対して、「参った」と思うはずです。その積み重ねが、「畏れ」になり、「こわさ」や「威厳」につながっていくのです。

上司が部下に対して絶対に負けてはならないものとは？

少し話が逸れますが、人にはそれぞれ得意分野があります。と同時に苦手な分野もあるもの。すべてに秀でた人というのは、そうそういるわけではありません。

ホンダの創業者である本田宗一郎さんは、地方の中小企業にすぎなかった会社を短期間で世界に冠たるグローバル企業に成長させました。その原動力は、彼の発想豊かな創造力だと言われています。しかし、そのアイデアマンと呼ばれた本田さんを、財務面などで支え続けてきた人物がいました。実務家の藤沢武夫さんです。その存在なしに、ホンダの成長はなかったと言っても過言ではありません。二人の個性の違いがうまく組み合わさって、ホンダの成長神話が生まれたのです。このように、人には得手不得手があり、それらをお互いに補いながら組織というものは機能しているわけです。

みなさんの部署を見渡してみても、それぞれ部下の個性は違うはずです。部下にはいろんなタイプの人材がいるでしょう。ある分野だけで見れば、上司よりも突出しているスキルを習得していたり、優れた能力を持っていたりする部下がいても、何ら不思議ではありません。しかし、上司たるもの、得意分野として何か最低ひとつだけは、部下に負けないものを持っておかねばなりません。苦手とするものは、思い切って部下に任せても、ここぞというときに、上司として圧倒的な強みを発揮することが不可欠です。苦手分野を克服することに時間を使うよりも、得意なものを伸ばしたほうが、結果的には強いマネジメントを支えることになります。

そして、上司が部下に対して、絶対に負けてはならないものがあります。それは、「意識の高さ」であり、「情熱」です。

スポーツの世界であれ、政治の世界であれ、ビジネスの世界であれ、上に立つ者が、それを支えるメンバーよりも絶対的に強く持たなくてはならないのが、「意識の高さ」と「情熱」です。その条件を満たさなければ、上に立つ資格などありません。当然のことですが、勝ち戦《いくさ》はできません。

「高い目標数字を持たされるのは嫌だなあ」とか、「なんだかやる気が起きないんだよね」などと、年中愚痴っているような上司のもとでは、その部署は絶対に活性化しません。

もし、あなたが「意識の高さ」や「情熱」の面で、部下よりも劣っていると感じていたら、即刻人事部に降格を申し出たほうがいいと思います。それは、不幸にもそんな上司を持ってしまった部下のためであり、何よりあなた自身のためでもあります。きつい言い方ですが、いずれ部下たちから槍玉《やりだま》に挙げられるのは目に見えていますから、その前にいったん自分のキャリアというものを根本から考え直すことをオススメします。

さて、話を戻しましょう。「毎日、部下の誰よりも朝早く会社に出社し続ける」ことについてです。

これは言ってみれば、「意識の高さ」と「情熱」が、誰の目にも見える形で具体的な行動になっているということなのです。「意識の高さ」と「情熱」において、圧倒的に勝っていれば、少々のことでもビクつくことはありません。「そんな単純なものなのか？」と疑わしく思う人もいるかもしれませんが、実際にあなたの身近な上司で、部下から「畏れ」られている人を思い出してみてください。きっと、その人には、誰から見ても揺らぐことのない「意識の高さ」と「情熱」が備わっているはずです。

「畏れ（畏敬の念）」や「威厳」というものは、本当に、そんな単純なところから生まれるのです。部下に畏敬の念を抱いてもらうには、信賞必罰という言葉のとおりに、優柔不断に流されることなく、物事に対して迷いのない判断が下せなければなりません。自分自身に対する厳しさと同時に、周囲に対する厳しさも必要です。

それらが備われば、部下は上司の言う、たいていのことに従ってくれるようになります。組織の中で、強い影響力やリーダーシップを発揮し、全体をまとめていくことが可能になるのです。

極論と言われるでしょうが、「毎日、部下の誰よりも朝早く会社に出社し続ける」ことで、「畏れ」や「威厳」を手に入れてしまえば、部下に対するマネジメントの問題の大半は解決すると思っています。あえて断言しますが、まずやってみてください。必ず効果が出ます。

ナメられる上司は、ナメられるようなことをしている

前に例として挙げましたが、部署のみんなで飲みに行った翌日、部下は定刻に出社しているのに、「いやあ、昨日は飲みすぎちゃったよなあ」と遅刻してきて言い訳をして

いる上司について、みなさんはどう思われますか？

こんな上司が「決められたルールは守るように」と、いくら正論を言ったところで、部下の誰も言うことは聞きません。逆にナメられるのがオチです。

この例からもわかるように、ナメられやすい上司というのは、ナメられるような行動をしているものなのです。

例えば、部下のみんなが仕事で忙しくしているのに、悠然と新聞を広げて読んでいる上司。部下の本音は、「新聞くらい家で読んでこいよ！」です。同様に、パソコンで、ミクシィのメールに返事を書いていたり、個人的な（業務とは無関係な）株価のチェックをしていたり、なども言語道断。部下に見られた段階で、即「アウト！」でしょう。

また、交通費伝票などの経費の精算や名刺の整理等、優先順位の低い業務をやっている姿は、部下に見せないことです（こんな業務こそ、朝早く出てきて誰もいないときにやればいいのです）。営業マンが必死に電話アポを取っているときに、「銀座から渋谷まで、地下鉄って190円だっけ？」などと呑気《のんき》に聞いてくる上司に対して、あなただったら敬意を払うことができるでしょうか。

部下と一緒に食事などに行った際に、「よし、今日は俺のおごりだ」と言いながら、コソコソと店の人から領収書をもらっている上司などもいますが、これも部下から見ると完全に興ざめです。器の小ささを見透かされてしまいます。「よし、今日は領収書で落とすから、大いに飲んでくれ」とあからさまに言う上司もいますが、こういう場合でも、部下は「頼りになるボス」という見方ではなく、「会社の経費で勝手に飲み食いして、ちゃっかりしてる」とか「ひどいやつだ」というのが本音でしょう。大物振り（?）をひけらかしたところで、部下はちゃんと見るところを見ているのです。こんな上司が、「経費節減」を説いたところで、部下の気持ちにはまったく響きません。

高いフレンチやイタリアンに誘ってくれて会社の経費で落とす上司より、安い大衆居酒屋でも身銭を切っておごってくれる上司のほうが、部下にしてみれば、「信用できる上司」になります。部下と飲みに行ったら、本当に自腹でおごるか、もしくはあっさりと割り勘を申し出ることです。その潔さも上司の心得だと思ってください。

上司は、どんなときも、人としての「卑しさ」を部下に見せてはいけません。上司とは、人としての品格が問われる存在なのです。一瞬たりとも気を抜いてはなりません。

ここまで読まれて、「上司って面倒くさくて大変だ」と思った人も多いと思いますが、そうなのです。上司というものはとても面倒くさくて大変な役割なのです。

マネジメントは技術だと言いながら、精神論のような話ばかりになっていますが、技術うんぬんの前に、上司が引き受けなければならない「覚悟」について、語っておかねばなりません。もう少しお付き合いください。

＊

上司は、「空気を作る人」「空気を変えられる人」でなくてはならない

ＫＹという造語（略語）が流行《はや》って以降、「空気が読めない」ということが、いろんな形で語られるようになりました。当然ながら、空気が読めない上司は、ほめられたものではありません。ただし、上司という立場の人間にとって、空気は「読むもの」ではなく、「作るもの」「変えるもの」でなくてはならないと思います。

ある人が部屋に入ってくることで、雰囲気が急に明るくなったり、空気が張り詰めたりすることがあります。人の持つ「オーラ」とか「気」とか言われる類《たぐい》のものです。物

理的には説明しにくいものかもしれませんが、実際に経験上よくある話です。

首相官邸で行われる定例の閣議ですが、小泉純一郎首相の時代には、小泉さんが部屋に入ってきた瞬間、それまで談笑していた大臣たちは会話を止め、雰囲気がピリッと締まっていたそうです（一方、「お友達内閣」と呼ばれた安倍晋三首相のときには、安倍さんが椅子に座っても、おしゃべりはしばらく続いたと新聞で報じられていました）。

また、矢沢永吉さんやビートたけしさん、高倉健さんなどが、スタッフとの打ち合わせの場にやってくると、部屋の空気の密度が一瞬にして変わると聞きます。俗に「オーラのあるスター」と呼ばれる人たちです。

「オーラ」も「威厳」と密接に関係するものだと思いますし、上司にも、この種の「オーラ」が必要です。部署全体が活気づき、みんなのやる気がアップする。会議がピリッと引き締まり、集中力が高まる……などです。

逆に、「負のオーラ」は絶対に発揮してはなりません。上司がいると、全体の雰囲気が重く暗くなる。なんとなくみんなモノを言わなくなる。打ち合わせの場が、だらけた感じになる……などです。そういう上司が作っているチームは、確実に先が短いと断言します。崩壊のカウントダウンが始まっていることに気付かないのは、上司本人だけだったりします。

「空気」というものは伝染しやすく、たいていは、上から下に伝わります。だからこそ、上司は「いい空気」を絶えず作り出していかなくてはなりません。

とても些細《ささい》なことですが、どんなに疲れていても、「あー、疲れた」などとため息をつけないのが上司というものです。ため息は、澱《よど》んだ空気を作ります。また、嫌なことがあっても、苦虫を噛《か》みつぶしたような顔をしてはいけません。嫌な表情は、重く暗い空気を作るからです。

「そんな聖人君子みたいなこと、できるわけない」というのがほとんどの人の意見かもしれません。しかし、だったら正反対に、疲れたときこそ「よし、がんばるぞ」と言い、嫌なことがあったときこそ、笑顔で明るい雰囲気を作ってみればわかります。そういう組織は、活気づいて、業務能率も上がり、業績も好転するはずですから。

上司は、その場の「空気」を支配してしまう存在だということを自ら強く意識することです。そして、自分の発している「オーラ」や「気」が、組織全体にどんな影響を与えているのかということを、日々検証していかねばなりません。もし、それが負のものなら、その都度修正をしなければならないのです。

「オーラ」や「気」という、論理的にやや説明しにくい話をしましたが、もう少し嚙み砕いてわかりやすく言うなら、人や組織に対する「思いの投げかけ」のようなものと考えてください。さらに具体的に説明するなら、それをわかりやすく目に見える形にしたものが「挨拶」です。

「おはよう」「行ってらっしゃい」「お帰り」「お疲れ様」「どうだった？」など、上司から部下に対する挨拶の機会というのは、日常でも数多くあります。しかし、実態では、それほど多く使われていません。

例えば、部下からの「おはようございます！」という挨拶に対して、「ああ」とか「おう」しか言っていない人のなんと多いことか。最悪なのは、相手の目も見ずに「ん？」と反応するだけの上司。人間というのは、2度痛い思いをすると、3度目からは何もやらなくなります。「どうせ課長に挨拶しても、反応もないし」と、諦《あきら》めてしまうのです。

挨拶は情報の宝庫である

「うちの営業所は、みんなお互いに挨拶をしなくて、活気がなくて困っています」

こんな悩みを持っている営業所長（大手企業の管理職の方です）がいました。「どうしたら、挨拶をし合う職場になるでしょうねえ」と愚痴っていたのです。

私はすかさず、「で、あなた自身は挨拶をしているのですか？」と尋ねました。すると、「うーん、そう言われると……。だって、部下が挨拶しないのに、上司から挨拶するのもなんだか……」と歯切れの悪い答えが返ってきました。

私が「もしかしたら、原因はあなた自身かもしれませんよ」と言うと、相手は目を丸くして、急に黙り込んでしまいました。ストレートな物言いに、機嫌を損ねさせてしまったかもしれないと反省し、私はフォローの意味で、次のような話をしました。

＊

「ペーシング」という言葉があります。NLP（Neuro-Linguistic Programming 神経言語プログラミング）という心理学で使われる用語ですが、「同調する」という意味です。コーチング研修などを受けた人は聞き覚えがあると思いますが、声のスピードや音程、大小、リズム、呼吸などを合わせることで、相手とペースを同じ状態にしていくと、気持ちの通じ合える関係が築けるというわけです。

実は、私たちは無意識に、この「ペーシング」を行っています。

例えば、トイレに入っているときに、ドアの外から「ドンドンドン」という大きなノックをされたら、たいていの人は、その音と同じくらいの大きさのノックを「ドンドンドン」と返します。しかし、同じノックでも「トントントン」と小さくされたら、中からも「トントントン」と小さく返すはずです。

挨拶も同じです。気持ちの込められていない、おざなりな挨拶には、それなりの挨拶しか返ってきませんが、元気のよい挨拶には、必ず元気のよい挨拶が返ってきます。

私はこんな話をしてから、件の営業所長に「もし原因が上司であるあなたなら、解決策は簡単なことです。とにかく明日から意識的に自分から元気に挨拶してみてください」と伝えました。そして、「途中で諦めたり、照れたりせずに、全員が挨拶をするまで。ドン・キホーテになったつもりで続けてみてくださいよ」と笑って付け加えました。

しばらくして、彼から報告がありました。

私と話をした翌日、早速自分から元気よく笑顔で挨拶を始めたそうです。全員と顔を合わせるように自分からフロアを動き回って、「おはよう！」と。部下たちは、初日こそ一様に驚き、怪訝《けげん》そうにしていたらしいのですが、そんなことには構わずに続けたら、何日かすると、元気な挨拶に徐々に同調してくる人が現れてきたそうです。

そして、10日もすると、なんと全員が普通に元気な挨拶をするようになったのです。営業所は見違えるほど活性化し、雰囲気も以前とはガラリと変わったと言うのです。

さらに、その営業所長は、次のような効能も話してくれました。

「元気な挨拶をするということは、相手の目を見ることでもあったんですね。その日の朝の最初に、全員と目を見交わすことの重要性に気付きました。そこには、とんでもなく多くの情報があってびっくりしました」と。

全員の顔を見て挨拶することで、部下のその日の健康状態や精神状態、上司である自分に何か言いたいことがあるかどうかなど、自然と察知できるようになったと説明してくれたのです。結果的に、ホウレンソウ（＝報告、連絡、相談です）の量もかなり増えて、上下間だけでなく、横同士の風通しもよくなったということでした。

このように、上司は、その組織の「空気を変える」ことのできる立場にあるのです。率先垂範という言葉があるように、部下だけに一方的に期待するのではなく、自らやっていかなければだめなのです。自分が理想とする組織風土を作るためにも、まず「空気を作る」ことから始めてみませんか。

＊

以上、この章では、誰にでもすぐにできることを話しました。「自分もやってみよう」と思ったら、ぜひ明日からやってみてください。先延ばしにすることは、その「覚悟」がないということになります。「諦めないこと」「中途半端に終わらせずに、徹底することと」「続けること」が大切です。

思ったら行動することです。期待しています。

第一章のまとめ

① 上司が部下に対して、絶対に負けてはならないのは、「意識の高さ」と「情熱」。

② 高い専門性、ある部分に秀でた能力、他にはない経験や人脈など、部下が上司に対して「畏れ」を感じるような要素を持つことが「威厳ある」上司の条件。

③ 「威厳」を手に入れてしまえば、部下へのマネジメント問題の大半は解決する。

④ 上司にとって、空気は「読むもの」ではなく、「作るもの」「変えるもの」。

⑤ 「自らやる」「諦めない」「続ける」ことが、職場を活性化させる。

第二章　部下を丸ごと知る

「人は理屈だけでは動かない」という前提に立つこと

「人の違いで最も大きいのは、貧富の差や善人と悪人の差じゃない。
人間と人間のあらゆる違いの中で最大のものは、
愛することに喜びを見出す人間と、そうでない人間の差なんだ」

——映画「渇いた太陽」より

部下のやる気と能力を引き出すには、まず何をすればいいか？

「上司の役割って、ひと言で言うと一体何ですか？」

こんなことをストレートに聞かれることがあります。ひと言で説明するのは、非常に難しいのですが、あえて言うなら、

「部下のやる気と能力を最大限に引き出しながら、担当部署の目標を達成すること」です。

その観点で考えた場合、仮に「チームの各個人のパフォーマンス×人数」分よりも、「組織で出したパフォーマンス」のほうが大きくなければ、チームで行う意味はないわけです。上司は、個々の細部を観察しながらも、一方で全体を俯瞰《ふかん》しなくてはなりません。ミクロとマクロの両方の視点が必要になるのです。

この章では、ミクロの視点について話をしていきましょう。

企業向けの管理職研修のケーススタディで、次のような問題を出すことがあります。

私が以前、新聞に書いたコラムを基にして作ったものなのですが、みなさんも一緒に考

えてみてください。

課題1「なぜ電話を取らないのか」

電話の呼び出し音が鳴る。1回、2回、3回……。フロアを見回しても、みんな黙々と自分の仕事を続けている。

旅行会社から外資系マーケティング会社の部長職にスカウトされたHさん（43）は、着任早々、キレて叫んだ。「電話の呼び出し音は2回以上鳴らすな！」

社長からは、「君のような厳しいマネジメントがうちには必要なんだ」と言われていて、外資系特有の行きすぎた個人主義を戒めるのが自分の役割だ、と気負っていた。気分は「カルロス・ゴーン」だった。

フレックス制度で、出勤時間がまちまちなのも気になった。月曜は朝礼を開くことに決め、8時半出社を命じた。全員から反発と不満の声があがったが、聞く耳は持たなかった。

「今までがどうあれ、今後は私のやり方に従ってもらう」

だが、組織は思うようには動かなかった。電話の呼び出し音が2回以上鳴れば、フロアの全員がピクリと顔を上げる。それでも相変わらず、受話器を取ろうとする者はいない。

上司の命令に従わない部下がいるなんて、信じられなかった。ならばと、他部署への電話でも率先して取り始めた。Hさん自身は、新人時代に「お客様からの電話を待たせるな」と叩《たた》き込まれていた。

その後、ひとりふたりと電話を取る部員が出てきたものの、それ以上には広がらなかった。どうもおかしい。なぜだ。ある日、女性社員に理由を尋ねてみた。すると、思いもしない答えが返ってきた。

「着信音が5回以上鳴ると、留守番電話になって、個別に伝言を受けるシステムになってるんです。それが個人の携帯電話に転送されるんですが……」

一瞬、言葉を失った。

「なぜみんな教えてくれなかったんだ？」。やっとの思いで聞いたが、彼女は黙ってうつむいているだけだった。

（2003年7月19日付朝日新聞「複職時代」より）

問題① Hさんが右記のような事態を引き起こした最大の原因は何だと思いますか？

問題② あなたが、仮にHさんの立場だとしたら、着任後に何を行いますか？　優先順位を考えて、実行することを具体的に挙げていってください。

さて、いかがですか？　「答え合わせを早く」って？　まあ、そんなに慌てないでください。答えは、後でじっくりお話ししますから。

部下全員の名前をフルネームで書けるか？

もう亡くなられましたが、扇谷正造さんという評論家の先生がいらっしゃいました。「週刊誌の鬼」と呼ばれ、戦後、『週刊朝日』の部数を100万部にまで伸ばした名物編集長でもありました。私はリクルートの新入社員時代に、何度かお仕事をご一緒させていただいたことがあります（実は、そのほとんどは一方的に叱られてばかりでしたが）。

その扇谷先生の言葉に、「部下の名前は土瓶の取っ手」というものがあります。

「土瓶を運ぶのには取っ手がなくてはならないように、部下を動かすにはその名前を呼ばなくてはならない」という喩《たと》えです。

例えば、ナポレオンは部下の士気を上げるのに、軍隊の将校以上の編成表を見ながら、その名前を徹底的に頭に叩き込んだそうです。そして、戦地では、「レオン・ブルーム中尉、前へ！　突撃！」と必ず部下の名前を呼び、指揮を執ったと言うのです。「おい、そこのキミ、前へ！」では、敵陣に進む気力も萎えるというものです。

つまり、部下を掌握するための第一歩は、部下の名前を呼ぶことから始まります。

ではもうひとつ、管理職研修でよく行う課題をやってもらいましょう（シートの大きさは、A３版程度のものだと思ってください）。

課題II　部下のことをどこまで知っていますか？

次の順に空欄を埋めていってください。

A＝部下の名前（フルネームで書いてください）

B＝入社動機、この会社でやりたいことは何か

C＝プライベート情報（家族構成、趣味、出身地など）

D＝感情面の傾向（喜怒哀楽のツボ）

E＝得意とするものは何か

F＝今の組織の中での目標は何か

G＝今後、成長するための課題は何か

	A名前	B	C	D	E	F	G
1							
2							
3							
4							
5							
⋮							

さて、今度はいかがでしょうか？

いきなり名前でつまずいてしまった人はいませんか？　下の名前が思い出せなかった人はともかく、苗字さえ書けなかった人はその時点で失格です。

家族や恋人の名前を忘れたり間違ったりしないのと同じです。部下の名前は完全に覚えてください。少なくとも部下の数が10人以下の上司の場合は、言い訳はききません。

ある大手企業の研修会で、このシートを配ったときに、女性営業マネジャーの方が、30人近い部下の方全員の名前をスラスラとフルネームで一気に書かれたことがありました。「すごいですね」と感心していたら、「毎日毎日、メンバーの顔を思い浮かべながら、売上数字のグラフとにらめっこしてたら、自然と頭に入っちゃいますよ」と笑っていました。結局は部下ひとりひとりに対する思いの強さの表れなのです。

「御社」は使わず、「○○さん」と名前で呼びかける

「他人の関係」から一歩踏み込むには、名前を覚えること、そして名前を呼ぶことです。

これは商売のコツでもあります。

私がまだ30代で就職情報誌の副編集長のときに、ある企業に企画の提案に行ったことがありました。営業部と編集部共同の大型広告企画のプレゼンテーションでした。

プレゼンが終わって、帰りのタクシーの中で同行した営業部の部長に、「田中君、会社を動かしているのは、結局のところ生身の人間なんだから、御社とか弊社とか言わないほうがいいよ」と言われたのです。頭をガツンと殴られた気がしました。

確かに私は、「御社の課題は……」「御社のお考えは……」「弊社の提案のポイントは……」など、会社を主語に話を進めていました。しかし、営業部長は、「○○さんがお困りの点は……」「○○さんの指摘された……」「私が強調したいのは……」と、先方の担当者個人や自分自身を主語にして語っていました。時にくどいくらいに先方の名前を連呼していたのは、ちゃんと意図のあることだったのです。

私はと言えば、組織という実体のないものを相手に一生懸命説得をしていたわけで、それでは言葉が空回りして、相手にはストレートに届きません。

そのときから、仕事上のお付き合いのできた方については、なるべく名前を意識的に呼ぶようにしてきました。すると、不思議なことに相手のことをもっと知りたくなるのです。そう思うと今度は、先方の気持ちや感情までがこちらに伝わってくる気がしてきます。お互いの関係性が深まり、自ずと仕事もうまくいくようになりました。

深くて難しい人間という存在を相手にしている自覚

部下のマネジメントの話に戻しましょう。「他人の関係」から一歩踏み込むには、まず名前です。もし部下に対して、普段、「キミはどう思うの?」「あなたならやれるよ」と言っているとしたら、それを「○○君はどう思うの?」「○○さんならやれるよ」と呼びかけるようにしてみること。そうすれば、自ずとお互いの関係は深くなります。

関係性が深くならなければ、上司と部下の関係は機能しません。もし、人間が単純な生き物だったら、理屈で話せばいいだけで、互いの関係性などは意味がありません。しかし、人間という生き物には、奥深くて理解するのが難しいという大前提があります。

当たり前に聞こえるかもしれませんが、上司という立場で部下に接するときに、そのことを忘れてはなりません。

もしあなたが、「こいつのことはだいたいわかっている」とか、「上司の言うことなんだから、黙って従うのが当然だ」という風にしか考えられない上司だとしたら、部下を動かすことのできない人かもしれません。人間はロボットではありません。深くて難しい生き物だからこそ、とことん付き合って、理解し合おうとする姿勢が大事なのです。マネジメントは、その前提に立つことから始めなくてはなりません。

私は第一章で、上司の条件に「情熱」を挙げました。この章では、「謙虚さ」を挙げたいと思います。人間という存在に対する「謙虚さ」、部下に対する「謙虚さ」、これらがなければ、真の「威厳ある」上司にはなれないと断言しましょう。

あなたの身の回りの傲慢《ごうまん》な態度の上司と謙虚な態度の上司を思い浮かべてみてください。「傲慢」は薄っぺらく、「謙虚」は奥深くありませんか？ 実は、「威厳」というものが生まれてくるのは、「謙虚さ」からなのです。そして、部下のことを丸ごと知っているような上司は、やはり部下にとっては「こわい」存在なのです。

この章の冒頭で示した課題Iの答えが、もうおわかりですね。部下に対して一方的な要求ばかりを押し付けてしまったHさんには、部下を一人の人間として尊重し理解しようという謙虚な姿勢がなかったのです。

全員と3回ずつ話をして、やっとスタート地点に

私は、今までに何度も転職というものを経験してきました。40歳で、リクルートからギャガ・コミュニケーションズへ転職したときには、就職情報誌の編集長から映画プロデューサーへ、まったく異分野への転身でした。しかも、いきなり映画製作事業部門の責任者（バイスプレジデント）という立場です。

ヘッドハンティングされたわけでもなく、普通に履歴書を送って採用されたので（就職情報誌の編集長が新聞の求人広告を見て転職したので、当時はいろんな方から冷やかされました）、「アシスタントプロデューサーからでも構わない」と申し出たのですが、会社は「それでは困る。全体を見てもらわないと」ということでした。

映画の世界では何のキャリアもない私でしたから、現場の経験豊富なプロデューサーを相手に上司としてマネジメントしなくてはならないのは、相当なプレッシャーでもありました。着任した日に、メンバーからのお手並み拝見的な視線を強く感じたのです。

このとき、私が最初にみんなにお願いしたことは、「お話しする時間をください」というものでした。ただでさえ忙しいプロデューサーたちに、頭を下げてスケジュールをもらいました。それも、一人当たり半日ほど時間を空けてくれるようにお願いしたのです。全員一様に、「半日もですか？」と驚いた表情でしたが、渋々ながら応じてくれました。

そして、会議室や応接室だけではなく、カフェや居酒屋も使って、まずは全員と話をしました。「今、どんな映画を担当しているんですか？」から始まり、具体的な仕事の内容、今までのキャリアなど、ほとんどの時間を相手の話を聞くことに費やしました。話の流れで、出身地や家族のことなど、プライベートなことにも話題は及びます。あえてそういったことまで聞こうと思っていたわけではありません。その人のことを知りたいから、自然とそういう風に話が進んでいった感じです。話の合間に自分のことも伝えましたが、これも仕事の話ではなく、自分という人間を知って欲しいというような内容でした。

業界用語や意味のわからないことは、素直に教えてもらって、どんどん大学ノートにメモしていきました（もちろん、時間をもらった理由の半分は自分の勉強のためでもありま す）。相手からすると長く感じた時間だったかもしれませんが、私にとってはあっという間でした。こうして、最初の1週間は、とにかくヒアリングに優先的に時間を割いたのです。

面談の中からわかったことが、いくつもありました。個々人の問題意識や価値観、現状に対する不満や愚痴も聞きました。映画プロデューサーというのは、一般的には特殊な仕事だと思われがちですが、実はごく当たり前な普通の感覚の人たちなんだということもあらためて認識できました（個人的な一番の収穫は、「映画プロデューサーに必要な能力というのは、雑誌を創刊する編集長に必要な能力と同じだ！」ということに気付いたことかもしれません）。そして、全員の話を総合していくと、業界全体の課題や部署としての課題も浮き彫りになってきたのです。

2週目も全員に面談をお願いしました。「またですか？」という顔をされましたが、拝み倒しました。実は、みんなから聞いた話と会社から与えられた予算（早い話、売上と利益です）を基に、自分なりの事業計画を作ったのですが、今度は、その目標と部門としての方針を伝えて、すり合わせをしたのです。事業計画といっても、「今後は、若手の監督を起用して、音楽映画やCGアニメに力を入れていこう」というような具体的な話をして、なるべく気持ちを盛り上げるように意識したのです。最終的な修正を加え、全員の合意のもと、なんとか部門の目標が決まりました。

3週目もまた面談の依頼です。うんざりするプロデューサー連中に、最後のお願いをしました。今回は、個別の目標の設定です。「今年は、この作品とこの作品をやってください」「来期のためにこの作品は今から準備をしましょう」「予算達成のために、この作品の放映権は今期中に必ず売ってください」などなど。映画会社といっても、話している内容は、他の普通の会社と似たようなことだったわけです。

結局、全プロデューサーと3回ずつ面談をしたことになります。そこまでやって初めて、部署全体の向かう方向と、それぞれ個人のやるべきことが明確になったのです。ぎこちなかったメンバーのコミュニケーションも、少しは前進した実感がありました。それからも、面談は事あるごとに重ねていきました。

プロ野球の監督でも、選手のことを理解している人ほど慕われている

私が上司という立場で、いつも最初にやったことは、「部下全員と話をする」ということでした。そのとき、常に意識していたのは、「相手のことなら、どんなことでも知ろう」という姿勢です。そう思うと、半日の面談を3週続けても、決して長く感じたり、面倒に感じたりしないものです。

新しい組織に上司の立場で異動や着任したときには、いつも必ずメンバーとの面談を優先的にやってきました。社内の人事異動があったときは、「みなさん、私に時間をください」から始めました。それは社内異動に限らず、老舗《しにせ》の出版社・キネマ旬報社に実質的な責任者（常務取締役）として迎えられたときも、まったく同じでした。最初の1ヶ月に社員との面談に費やした時間は、相当なものがあったことを記憶しています。

マネジメントの基本は、相手について知ることであり、結果的に相手を思いやることです。なぜ、話をすることが重要かと言えば、相手のことを知らなければ、相手を思いやる気持ちなど起きないからです。「愛することは知ること」という言葉がありますが、知ることと知ってもらうことは、お互いの距離を縮めるための第一歩なのです。「愛す

ること」の反対語は「憎むこと」ではありません。「無関心」なのです。

そもそも部下のことに関心がなくては、仕事を振り分けたり、目標を設定したりすることなどできるわけがありません。

その人にどんなスキルや経験があるのか、どんなときにここ一番の力を発揮できるのか、何が得意で、何が苦手なのか……など、個々人の能力や適性を知って初めて、戦略に落とし込めるのです。

プロ野球の監督も同じです。控え選手の得手不得手を知らないで、代打に送り出せるわけがありません。バントが上手なのか、ヒットエンドランが得意なのか、左投げと右投げどちらのピッチャーに強いのか、足は速いのか、大きな外野フライを打てるのか。そんな自分の能力を理解された上で起用してもらえれば、選手はここぞとばかりにがんばるわけです。

部下の立場から見て、自分のことを上司に知ってもらっているという事実は、大きな安心感を生むことになります。よく知ってもらっている人にこそ尽くしたいという気持ちが、自然と湧《わ》くこともおわかりでしょう。

人から気にかけてもらうということは、人間が生きる上で最も力になることです。自殺を考えていた人が最後に思いとどまるのは、自分のことを気にかけてくれる人のことを思い出したときだとも言われています。

さらに、見守られているという安心感や大事にされているという実感は、やる気（大きなエネルギー）を生み出します。モチベーションの源泉は、そういう部分にあるのです。

だからこそ、部下である人たちをそれぞれ、よく知ってあげることから始めなければなりません。極論すれば、相手を知ってあげるだけで、部下たちはあなたのために一生懸命働いてくれる可能性がぐっと上がるのです。

いくら理屈で説き伏せても、高い報酬を提示されても、それだけで動くことがないのが人間です。部下のモチベーションを常に高く維持して、高い業績を上げることが、会社から期待される上司の役割だと言い切ってもいいくらいです。部下を丸ごと知ることがいかに大切か、わかっていただけたでしょうか。

以上、部下のやる気を引き出すには、まず何をすればいいか、ご理解いただけたでしょうか？　課題Ⅰの問題②の答えも、もうおわかりですよね。また、課題Ⅱのシートも早く埋めたくなってきたのではないでしょうか（でも、勘違いしないでください。埋めること自体が目的ではありません。あくまでも相手を知るための手段です）。

第二章のまとめ

①何かを伝える前に、まず部下のことを知ることがマネジメントの第一歩。

②人間は奥深くて理解するのが難しいという前提で、部下に対する「謙虚さ」を持つこと。

③「威厳」というものは、「傲慢さ」からではなく、「謙虚さ」から生まれる。

④見守られているという安心感や大事にされているという実感が、やる気（大きなエネルギー）を生み、モチベーションを高める。

⑤部下のモチベーションを維持して、高い業績をあげることが上司の最も大切な役割。

第三章　本音でぶつかる

チーム・ビルディングに必要な「嵐」を起こせるか？

「怖いものに目をつぶるから怖いんだ。
よく見れば、怖いものなんかあるもんか」
——映画監督／黒澤明

4頭立ての馬車を、最も速く走らせる方法

エルメスというブランドがありますよね。スカーフやバッグが有名ですが、時計やネクタイ、アクセサリーに洋服など、いろんなものを作っています。では、エルメスがもともとは何の会社だったか知っていますか？「鞄？」「靴？」「財布？」「香水？」……いえいえ違います。実はエルメス、創業した170年前は馬具のメーカーだったのです（ロゴマークを思い出してください。馬車ですね）。今の有名ブランド企業の本業を遡《さかのぼ》ると、面白い発見があります。ティファニーは文房具店で、グッチは麦藁《むぎわら》帽子屋、ダンヒルも馬具を作っていました。

馬具というと意外な気もしますが、当時は馬車が最先端の乗り物です。今ならさしずめ自動車メーカーですから、花形産業だったに違いありません。

なぜこのような話をしたかというと、「チーム」の語源は「馬具」、それも「4頭立ての馬車に使われた馬具」だからです。

4頭立ての馬車には、文字どおり4頭の馬が必要なのですが、それぞれの馬の力とい

うものは均等ではありません。エンジンのような機械ならともかく、生き物ですから、瞬発力はあっても持久力のない馬や、その反対の馬もいます。例えば、最も脚の速い馬に合わせて馬具を調整してしまうと、脚の遅い馬は途中でバテてしまいます。逆に、最も脚の遅い馬に合わせてしまうと、脚の速い馬はストレスで調子を崩します。

馬車が一番いい走りをするには、4頭の馬がそれぞれのベストの力を発揮できるように馬具を調整するのだそうです。なかなか面白い話です。

マネジメントもまったく同じです。それぞれ違う個性の部下が全力で力を出し切って、チーム全体が最もいい成果を出すことが求められます。上司は、その環境を作らなくてはなりません。環境作りが上司の役割です。

部下が自分で解決策を導き出せるようにする「コーチング」

馬具の話が出たついでに、もうひとつ馬がらみの話をしましょう。

コーチという言葉は、「馬車」を意味していますが、馬車が人を目的地に運ぶところから、「指導を受ける人を目標に導く」ということを指すようになったのだそうです。

ここ数年、「コーチング」という考え方について、マネジメントに関連して語られる機会が増えてきました。もともとはスポーツ選手の指導法でしたが、企業の人材開発のための技術として、注目されるようになったのです。

コーチングとは、「人を育てるための方法のひとつ」です。モチベーションを重視して、自ら学び育つような環境を作ってあげて、その個人の能力を伸ばし、自分自身で問題解決を行えるようになることを目的としています。

コーチングは、カウンセリングやコンサルティングとは考え方が根本的に違います。カウンセリングが治療を目的としているのに対して、コーチングは部下の目標達成を手助けするのが目的です。コンサルタントは問題の解決策を考えるのが仕事ですが、コーチングの場合、解決策を考えてはいけません。あくまで、部下自らが解決策を導き出すのを助けてあげるという役割になります。

「うちの課長は、人の話を聞かなくて困る」とか、「勝手にどんどん仕事を進めていって誰もついていけない」なんて、部下から陰口を叩かれているような上司は、コーチングを学ぶことをオススメします。

チーム・ビルディングのお手本は、「七人の侍」

コーチングと同様に、「チーム・ビルディング」という考え方も、このところ話題になってきています。

チーム・ビルディングとは、「性格や経験、知識、スキルなどの異なる複数のメンバーが、同じ目的・目標（ゴール）に向かって思いをひとつにし、一丸となって活動していくための、効果的な組織作り」を目指すこと、そして、そのための手法のことです。

組織として高い成果を上げるためには、適切なメンバーを集めるだけではなく、メンバー全員のモチベーションを高めて、チームとして最大のパフォーマンスを発揮できるようなプロセスが求められます。このチーム・ビルディングも、これからの上司にとって必要なマネジメント能力のひとつになると思われます。

チーム・ビルディングの考え方を初めて聞いたときに、真っ先に頭に思い浮かんだのは、黒澤明監督の代表作である「七人の侍」という映画でした。もう50年以上も前に作られた映画ですが、海外でも高く評価されていて、世界の映画ジャーナリストが選ぶオールタイムベストテンでは、今でも必ず上位にランキングされています。私自身、黒澤作品はどれも好きなのですが、とりわけ「七人の侍」には心躍らされたものでした。

ハリウッド映画「荒野の七人」としてリメイクもされていますし、最近では「SAMURAI 7」というアニメ作品もあります。「複数の個性的なプロフェッショナルが、特定のミッション（弱者を守る・秘宝を盗むなど）のために、集結して戦う」という設定は、「ミッション：インポッシブル」「オーシャンズ11」「プライベート・ライアン」「必殺仕事人」など、ドラマの定石のひとつとなっていて、「七人の侍」はその原点的な作品と言われています。

「七人の侍」の物語の舞台は戦国時代の貧しい農村です。山賊と化した野武士たちに立ち向かうべく、農民たちに雇われた〝七人の侍〟たちの戦いをダイナミックに描いており、後半の戦闘シーンの迫力には、すさまじいものがあります。私がとりわけ好きなのは映画の前半です。冷静な戦略家リーダーの勘兵衛が、農民たちから拝み倒されて村を守る仕事を引き受け、仲間となってくれる侍探しを行うパートです。温厚篤実な参謀、リーダーに忠実な腹心、苦境のときでもユーモアを忘れないムードメーカー、寡黙で孤高の剣の達人、弟子入り志願の若武者、天真爛漫で破天荒な荒武者。彼らが次々と勘兵衛のもとに集結するシークエンスの面白さは筆舌に尽くしがたいものがあります。

ここで注目していただきたいのは、先に挙げた「性格や経験、知識、スキルなどの異なる複数のメンバーが、同じ目的・目標（ゴール）に向かって思いをひとつにして」という部分です。「七人の侍」の7人は、この条件を明確に満たしているのです。しかも7人の個性の違いが際立っており、違うゆえの組み合わせの妙があり、だからこそ少人数でありながら大勢の野武士たちと対等に戦う力を生み出しているのです。

不揃いでも個性的な人材を集めて強い組織を作る「ソニーの人材石垣論」

均一の人材を揃えるよりも、持ち味の違った人材を使いこなすことのほうが、強い組織を作ることができるという考え方は、先進的な日本企業にも以前からありました。

かつて、ソニーの人材開発部長に、「ソニーが求める人材像について、お考えをお聞かせください」と尋ねたことがあります。すると、次のような答えが返ってきました。

「ソニーでは、組織を〝石垣〟だと考えています。石垣の組石というのは、岩のように大きなものもあれば、石ころのような小さい石もある。角張った石もあれば、丸っこい石もある。大小、形が不揃いな石が寄り集まり、それらを組み合わせることによって、石垣というのは強く作られていくのです。ブロック塀やレンガ作りのように、一見きれいに揃っているものほど意外と弱いものです。だから、ソニーでは不揃いでも個性的な人材が集まってくるような企業にしたいんです」

言われてみれば、かつての日本企業の多くは、ブロックやレンガのように均質の人材を揃えることで、整然とした組織を作ってきた気がします。流れ作業を一定のルールに従って規則正しくやり遂げるには、そういう組織が相応しかったかもしれません。ところが、企業を取り巻く環境は不確定要素が多く、今は、より「個人力」が問われる時代です。当然、求める人材象も変化してきます。

ソニーの採用基準は、とても幅が広く多種多様ですが、その理由がよくわかりました。

人材開発部長は続けて、

「不揃いの石ころを探すのが、われわれの仕事なんです。金太郎飴のような優等生は要りません。バランスは悪いけれど、どこかひとつでもずば抜けている何かを持っている人材を発掘することが役割だと思っています」

と明言してくれました。

このことを中小企業の経営者の集まりで話したところ、ある企業の経営者の方が、「うちは石垣じゃなくて、国士無双の経営だな」とおっしゃいました。「一体どういうことですか？」と聞き返すと、「よそ様から真っ先に捨てられるような人材ばかりが集まっているけど、みんなが力を合わせれば役満でも狙えるからね」と愉快な笑い話にしてくれたのです（「国士無双」というのは、麻雀の用語で、揃いにくい牌《パイ》ばかりを集めた、非常に得点の高い「役」のひとつです）。

個人の可能性を発掘し、蘇らせる「野村再生工場」

中間管理職の方から受ける相談の多くに、「自分が直接部下を選んだわけじゃないから、うまく使うことができない」「部下の質に問題がある」「部下にばらつきがあってマネジメントしにくい」など、愚痴のような意見があります。

しかし、オリンピックや世界大会を戦うようなスポーツの監督やコーチのように、大勢の優秀な候補者の中から代表選手を選ぶような機会は、企業では滅多に経験できるものではありません。ほとんどの管理職の人は、〝与えられた戦力〟を使って、いかに強い組織にするかに注力しています。

これは私の持論ですが、上司の仕事の喜びのひとつとして、「部下の可能性を引き出す」ことがあると思っています。

私は、プロ野球監督の中で楽天の野村克也監督が一番好きなのですが、その理由のひとつは、他球団から戦力外通告されたり、自由契約になった選手を引き受けて、見事に蘇らせる手腕があるからです。

先発完投型だった江夏豊投手を、「プロ野球に革命を起こそう」と説き伏せてリリーフに転向させ、最多セーブ投手のタイトルを獲得させたエピソードは有名です。後年、江夏さんは「〝革命〟と言われなかったら、リリーフへの転向には応じてなかった」と語っています。他にも「野村再生工場」によって、可能性を見出された選手は枚挙にいとまがありません。2007年、38歳で本塁打と打点の2冠王を獲得した山崎武司選手も、「再生工場」組の一人です。

みなさんも、「がんばれ！　ベアーズ」の監督になった気持ちで、「不揃いな部下たち」の可能性を発見し成長させ、大きな成果を残すことに喜びを見出してはいかがでしょうか？　これぞ、最高の上司の手腕というものです。

活性化したチームに必要な6つの条件

チーム・ビルディングを考える際に、「活性化されて高い業績を期待できるチーム」に必要な条件というのは何なのか、考えてみましょう。

協調性、団結力、役割分担、ゴール、推進役、相互理解……などなど、いろんなことが挙がってきますね。これらの要件を集約させると、大きく6つのポイントになります。

まずは当然のことですが、チームを構成する**①メンバーの存在**です。

次に、**②目指すべき目標**が必要になります。この目標がなければ、チームはただ人が集まっているだけの集団です。バラバラな集団も、同じ目標を共有することで、まとまって強固なものになります。ただ、目標の共有という点で注意したいのは、目標を「意味のレベル」で理解していても、「意識のレベル」で理解できていなくては、人は動かないということです。単に頭で「わかった」だけではなく、きちんと腹に落ちているかどうかなのです。

3つ目は、**③コミュニケーション**です。部下と上司、メンバー同士、両方のコミュニケーションがうまくいかなければ、チームは機能しません。そのためにも情報の共有が欠かせません。部下には伝えられない限定的な情報もあるでしょうが、可能な限り、全員のメンバーに伝えるべきことは伝え、一部のメンバーにしか届かないような、偏った情報提供は避けるべきです。コミュニケーションが円滑になれば、お互いがお互いの力を認識し、それぞれの役割分担が決まり、1＋1が2以上のシナジー効果を生むはずです。

あとの3つが、**④リーダーシップ**、**⑤マネジメント**（ルールや決まりごとに基づいて運営管理すること）、そして、**⑥モチベーション**になります（そもそもこの本そのものが、それらについて語っているので、ここでは個別に触れませんが）。

大きな成果を上げたチームには、必ずこの6つの要素が存在します。

16年ぶりに五輪出場したバレーボール日本男子・植田ジャパン

バルセロナ五輪以来16年ぶりに北京五輪出場を果たしたバレーボール全日本男子（植田ジャパン）は、まさにこのチーム・ビルディングを徹底して実践してきたチームです。

2004年アテネ五輪の予選で敗退した全日本男子は、翌年、植田辰哉さんに代表監督を要請します。正式に就任を受けた植田監督は、明確に「北京を目指す」という目標を掲げ、そのための戦略やルールの徹底を代表メンバーに課しました。世界の強豪チームの〝高さ〟に対抗するために、すさまじい筋力トレーニングを実施し、選手が倒れ込む限界まで練習させたのです。

私生活にまで及ぶ厳しい規則を持ち込んだのも、植田ジャパンの特徴でした。挨拶、食生活、身なり（茶髪を禁止したエピソードは有名です）などにも口を出し、負けて笑う選手や喫煙する選手を排除しました。妥協を許さず、時には選手とぶつかりながら、腹を割って話し合いを繰り返し、チームが一丸となって戦うための意識作りをしてきたのです。

結果として、「日の丸を背負う」という気概をチームの全員に植え付けることに成功し、見事に北京五輪への切符を手にしたのです。オリンピック最終予選で出場権を獲得した瞬間、コートに前のめりに大の字で倒れ込み、男泣きした姿は、多くの人の記憶に残っていると思います。

植田監督がテレビのインタビューに答え、座右の銘をバレーボールに書きました。そこには、「目標が、その日その日を支配する」とありました。この言葉は、大分出身の教育家・後藤静香《ごとうせいこう》の「第一歩」という詩の一節です。

十里の旅の第一歩
百里の旅の第一歩
同じ一歩でも　覚悟がちがう
三笠山にのぼる第一歩
富士山にのぼる第一歩
同じ一歩でも　覚悟がちがう
どこまで行くつもりか

どこまでのぼるつもりか
目標が
その日その日を支配する

明確な目標があって初めて、日々何をやればいいのかという戦略や行動がはっきりと自覚されてくるという意味ですが、参考になればと思い、紹介させていただきました。

目標を細かく具体的にするほど、達成意欲は高まる

前の章で、私がギャガ・コミュニケーションズに転職してすぐに、各メンバーと3回ずつ話をしたというエピソードを書きましたが、それは、目標を明確にして、目標自体を魅力的に感じさせるという作業でもありました。

「会社全体の目標」の確認→「所属部署の目標」の確認→「個人目標」の確認（価値観のすり合わせ）という流れです。

例えば、この流れをプロ野球の世界での話に置き換えてみましょう。

私が監督だったら、まず、選手一人一人に「本気で優勝したいかどうか」の気持ちを聞いていくでしょう。その上で、「私自身は何が何でも優勝したい」という本気度を見せます。「本気で優勝を目指すのなら、一緒にがんばろうじゃないか」という握りを行うわけです。全員とその約束が交わせたら、ここで全体の目標が明確になります。

次に、例えば部門のひとつである投手陣をまとめます。ここでも投手一人一人に「どんな風にこのシーズンを送りたいか」を聞いていきます。先発したいのか、中継ぎか、抑えに回りたいのか、などです。全員が先発希望でも困りますから、適材適所を考えた上で、今シーズンの役割分担を決め、本人に納得してもらいます。

その際に、目標をブレイクダウンするのです。より〝具体的に〟〝わかりやすく〟〝細かく〟決めていきます。80勝が優勝ラインだとしたら、先発ローテーション要員の6人には、12勝～15勝の間で目標設定してもらいます。抑えのピッチャーには、50試合の登板と30セーブを目指してもらいます。目標を細かく具体的にするのは、ひとつひとつの成功体験が自信と達成感を生むからです。

そして、できる限り、その「目標を決める過程」に参加してもらい、自分自身で決めさせる工夫をします。意思決定への参加は、達成意欲を高めるのに効果的な方法だからです。さらに、目標の大きさは、組織の中での役割（つまり、貢献の度合い）を実感させます。

「誰々のようになりたくはないか？　誰々を目指してはどうか？」と、具体的な理想像（例えば、先輩投手や過去に活躍した選手など）を持たせたり、「誰々には負けるな」と、よきライバルの存在を意識させたりして、競争の機会を作ることも大切です。

各投手が個々人の目標を認識してくれたなら、後は、励ましとアドバイスで、本人が全力を出し切れる環境を整えればいいのです。

単に「優勝を目指そうぜ」というかけ声だけではなく、監督（上司）は、目標をブレイクダウンして、「達成できそうだ（↓優勝できそうだ）」という気持ちにさせなくてはならないのです。

部下との「嵐」を避けていては、強い組織は決して作れない

チームが、単なる人の集まりから強い組織に成熟していくには、それなりのプロセス

をたどる必要があります。

アメリカの学者ブルース・タックマンが考案した「タックマン・モデル」という考え方があります。チームで仕事をする人々の行動を研究しているタックマンは、チームが成熟するまでの発展段階を4つのパートに分類し、コミュニケーションとメンバーの関係性の観点から説明しました。その段階とは以下の4つになります。

①形成（Forming）
←②嵐（Storming）
←③秩序（Norming）
←④成果（Transforming）

チーム・ビルディングのプロセス

アメリカの学者ブルース・タックマンによる
タックマン・モデル

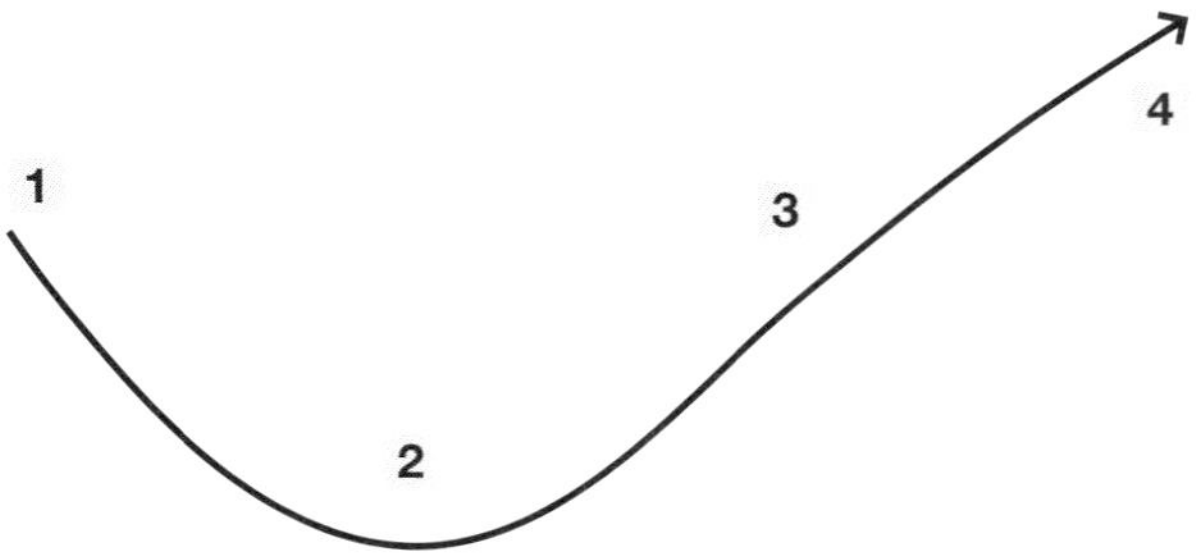

1　形成（Forming）

メンバーが集まっただけの状態、様子見のコミュニケーション

▼

2　嵐（Storming）

本音のコミュニケーションから、メンバー間や上下間で衝突が起こり、混乱が生じる

▼

3　秩序（Norming＝行動様式の規範を作る）

混乱を経て、ルールや行動規範などが確立し、役割分担や共通のコミュニケーションツールができてくる

▼

4　成果（Transforming＝変容させる）

明確な目標に向かって、リーダーシップが発揮され、メンバー間の協力関係も強まり、チームの動きが成果に変容していく

このときに、避けてはならないのが「嵐（Storming）」のパートです。どんなチームも強い組織になっていく過程で、必ず何かしらの混乱や衝突が起きるものです。メンバーが集まって、すんなりそのまま平穏に成長していくことは稀《まれ》なのです。

先ほどのバレーボール全日本男子の植田ジャパンも、選手への要望が強くなればなるほど反発も起き、何度も何度も植田監督と選手間で本音の話し合いが持たれたそうです。スポーツの世界では、この「嵐」を通過してチームの雰囲気がガラリと変わり、その結果、大きく飛躍することが珍しくありません。

また、サッカーの日本代表も、過去に何度も「嵐」を経験しています。仏ワールドカップの予選では、加茂監督の更迭劇が「嵐」でした。その後を引き受けた岡田監督のもと、「ジョホールバルの歓喜」で初出場を果たしたのです。独ワールドカップのジーコジャパンでは、アジア最終予選の「アブダビの夜」が「嵐」にあたります。国内組と海外組がギクシャクする中、バーレーン戦を3日後に控えた夜の11時、キャプテンの宮本選手が全選手を集め、「みんな、今の状態をどう思う？」と口火を切りました。控えだった三浦淳宏選手の「みんな本当にW杯に行きたいのか？　俺は年齢的にも最後だし、出たい」というひと言がチームを変えたと言われています。20人余りが本音をぶつけ合い、腹に溜めていたものが吐き出され、みんながひとつの方向に行こうとする流れができました。その結果、見事にアウェイで連勝し、予選を突破したのです。

思い返せば、私自身も、何度も「嵐」を経験しています。最大の「嵐」は、何と言ってもリクルート事件でした。20年前、政財界を揺るがす一大企業スキャンダルになった事件で、社内は混沌を極めていました。毎日のようにメディアに叩かれ、社員には精神的な疲弊が蓄積。そんな中、広報室の課長だった私は、「会社は叩かれても、事業は支持されているはず」という思いから、自ら考えた「誠意と努力で信頼創造」というスローガンを掲げ、社内でキャンペーンを展開しました。

首都圏の書店で、発売されている情報誌を購入してくれた人たちに対して、感謝の気持ちを述べると同時に、「なぜ購入してくださったのか?」というインタビューを行い、具体的な街の声を拾うことで、事業が支持されていることを全社員に伝えていったのです。

この社内キャンペーンは2年にわたって続けましたが、社員の求心力は一気に回復し、事件前よりも社内の結束力は強くなりました。

また、情報誌編集部に異動した後も、新雑誌を創刊するたびに、忙しさの中でカリカリしてくるメンバーを集め、何度か立ち止まって、「このままでいいのか？」と問題提起を行ってきたものです。その時点では、怒声が飛び交ったり、摑み合わんばかりの議論が始まったりしますが、結果的には組織は必ずいい方向に進みました。

限られた経験からですが、何か問題（「嵐」の予兆）を感じ取ったら、それをそのまま放置したり、流して見過ごしたりするのではなく、むしろそこをキッカケに本音で部下の中に飛び込んでいくことが、上司の重要な役割ではないかと思います。

正論や建前ばかり言っても、人は動きません。部下というものは、口先だけの言葉を敏感に感じ取り、そんな上司を見透かします。本音でぶつからない限り、「威厳」は発揮されないのです。

自ら勇気を持って「嵐」の真ん中に身を置くこと。それを避けていては、強い組織は作れません。強い組織は、「嵐」があってこそ生まれると信じて、ぜひ部下との嵐を経験してください。

第三章のまとめ

① 個性の違う部下がそれぞれ全力で力を出し切ってこそ、チーム全体が高い成果を出せる。

② 上司の役割は、性格や経験、知識、スキルなどの異なる複数のメンバーを、同じ目的・目標（ゴール）に向かわせること。

③ 目標が具体的にブレイクダウンされることで、達成意欲は高まる。

④ 何か問題（「嵐」の予兆）を感じ取ったら、放置したり、見過ごしたりするのではなく、それをキッカケに本音で部下の中に飛び込んでいくこと。

⑤ 本音で部下にぶつからない限り、「威厳」は発揮されない。

第四章　リスクを背負う

「毎日が判断の連続」こそが、上司の本質である

「人の価値とは、その人が得たものではなく、
その人が与えたもので測られる」
——アインシュタイン

自分の時間のほとんどは部下のための時間だと覚悟せよ

「ちょっとよろしいでしょうか？」

部下が上司の時間をもらおうとするときには、たいていこんな感じで声をかけてくるものです。そして多くの場合、事前の予告もなく、いきなりだったりします。比較的大きな案件の打ち合わせやプレゼン資料の内容確認などならいざ知らず、日常的なホウレンソウ（報告・連絡・相談）で、あらかじめ上司に対してアポイントを取るような部下は皆無です。しかも、忙しいときに限って声がかかるものですから、上司としては、どうしても面倒な表情をしがちです。

しかし、そこで「今、忙しいから」と、部下を拒絶することがあってはなりません。上司の仕事の大部分は、部下からのホウレンソウを受けること。そう考えれば、「時間がないから」という言い訳は通用しないことがわかるでしょう。どんなときでも、部下に時間を作ることを真っ先に考える必要があります。

部下から声がかかったら、まず向き合うこと。もし、どうしても手が離せない仕事や優先させなくてはならない仕事があった場合は、部下の言いたい内容を確認した上で、急ぎでないようであれば、あらためて時間を設定してください。

「今は、ダメだ。後にしてくれよ」と、内容も聞かずにいると、実はそれが大変なトラブルだったりして、取り返しのつかないことにもなりかねません。

また、上司の中には、部下と向き合わずに（相手の目を見ずに）、例えばパソコンを打ちながら、答えたりする人もいます。確かにパソコンを打ちながら相手の話を聞くことはできます。これは、しているほうは特に悪意なくやっているものですが、されたほうは、「自分は上司に相手にされていない」という気持ちになりがちです。

本当に急ぎの仕事のときもあるでしょうから、そんなときは、相手の目を見ずに適当に返事をするのではなく、「ちょっと待って」ときりのいい所までやり終えてから、きちんと相手と向き合うようにするのが礼儀です。

こんな話をすると、「部下が上司に礼儀を尽くすのは当たり前だけど、上司がわざわざ部下に礼儀なんて……」と反発を覚える人がいるかもしれません。管理職というものは、ただでさえ忙しいのに、いちいち部下に気を遣ってなんていられないという声が聞こえてきそうですが、そういう方こそ、考え方を大きく変える必要があります。

そもそも上司のために部下が存在しているなどと思い上がってはならないのです。はっきり言いますが、「上司というものは、部下のために存在している」ものなのです。

大切なのは、「上司は部下の下僕たれ」という謙虚な気持ちです。自分は部下のカスタマーサービス部門のようなものだと思えば、急な声かけにも「よしきた！」となるはずです。まずは、自分の時間の大半は、部下のためにあるのだと覚悟を決めることです。

上司は、絶え間なく部下から判断を迫られる存在である

第四章以降では、具体的なケーススタディをみなさんと一緒に考えながら、上司の役割について解説していくことにします。

最初のテーマは、「判断」です。

上司の時間の大半は部下のためにあると言いましたが、上司の仕事の大半は、「判断」することです。1日中、1年中、上司は何かしらの判断を下しています。それこそが、上司の仕事の本質なのです。

上司の判断が、現場の動きを決定しますし、部下のモチベーションを上げもすれば、下げもします。その積み重ねが、部署としての業績を左右していくことになります。上司として、どういう判断をすればどんな結果になるのかを知ることは、車の運転をするときに、ハンドルを右に切れば右に曲がるということを知るのと同じように、重要かつ基本的なことなのです。

では、このケースから考えてもらいましょう。

ケーススタディ①

健康食品販売会社に勤務するAさんは、ある営業所の所長（課長職）だ。その営業所は、新規顧客の獲得が見込めるエリアだったため、昨年対比50%アップの予算目標を持たされており、他の営業所と比べても、絶対額・伸び率ともに最も大きな数字だった。

難易度の高い目標なだけに、それなりのメンバーが揃ってもいた。入社8年目のベテラン営業マンBさんを筆頭に、昨年度全社売上絶対額トップのCさん（入社5年目）、入社4年目の同期組の中ではダントツに営業力のあるDさんなど、頼もしい営業マン6

人が、毎月の目標数字を着実にクリアしてきていた。

新しい年度が始まった当初は、目標額の大きさに、Aさんも内心「大丈夫だろうか？」と不安を抱えていたが、今の状況なら、なんとか年間目標もいけると感じてきていた。

そんな矢先のこと。たまたまCさんと会議室で二人きりになったときに、予想もしない意外な話を打ち明けられたのだ。

「Bさんが顧客と馴れ合っている関係が、どうしても許せません。これ以上、Bさんとは一緒に働く気になれないので、Bさんを他部署に異動させて欲しい。もし、無理なら自分のほうが、この営業所から出て行きたい」

いきなりの話に驚いたAさんだったが、このタイミングで、BさんとCさんのいずれに抜けられても、営業所の目標を達成するには厳しい状況だ。あなたがもしAさんだったら、どうするか？

●どういう観点で事態を収拾していきますか？　最終的に何かしらの判断をするという

前提で、考慮すべきポイントを、考えられる限り書き出してください。

●この件を解決するために、あなたが必要とする時間は最低どれくらいだと思いますか?

さて、いかがでしょうか?

ケーススタディは、あくまで限られた情報の中で答えを考えなくてはならないので、絶対的に「これが正解」というものがあるわけではありません。ただし、答えを導いていく過程で、どのようなポイントに注意しなくてはならないかを学んで欲しいのです。

いきなり「Bさんを異動させる」という答えを出した人は、さすがにいないと思います。「その場で会議室にBさんを呼んで、Cさんと話し合いをさせて、仲良くさせる」なんて答えも危険ですね。繰り返しますが、答えを出すというより、答えを導く際に、どのようなことに注意を払えばいいかを考えて欲しいのです。

このケースの場合、真っ先に考えなくてはならないのは何でしょうか?

ファクト・ファインディング（事実を見つけること）の姿勢

かつて私が学生だったころの話です。夏の暑い日に、部屋に小さな褐色の虫が1匹いるのを発見しました。気持ち悪いので退治しました。翌日、また同じ虫が畳の上を這っていました。「昨日、退治したはずなのに……」と思いながら、また退治しました。それからしばらく見かけなかったのですが、数日後、今度は一度に2匹現れたのです。

私は、部屋中を探し回りました。すると、台所の戸棚の奥に仕舞ってあった米びつの中から、その虫たちが湧いているのを発見したのです。慌てて殺虫剤を振りかけ、米びつごとごみ袋に入れて捨てました。しばらく自炊していなかった自分を深く反省したものです。

すみません。こんな気色の悪い話をしたのには、それなりの理由があります。

目の前にある事実の背後には、実はさらに大きな事実が隠されている、ということをお伝えしたかったのです。「氷山の一角」という言葉があるように、海面の上に出ている氷の下には、それよりもはるかに大きな氷が存在しているものなのです。

ここで言いたいのは、「目の前で起きていることの背後には一体何があるのかということを知ろうとする姿勢が大切だ」ということ。

「ファクト・ファインディング」という言葉があります。文字どおり、「事実を探すこと」「事実を見つけること」です。

正しく判断するには、「判断材料」が必要になります。そして、判断材料が多くなればなるほど、判断にミスが少なくなります。より多くの事実を探すことこそが、正しい判断をすることに他ならないのです。

このケースの場合、まず考えるべきは、Cさんがこういうことを言っている背景に何があるのか、ということです。判断材料は、あらゆる方法で引き出さなくてはなりません。

上司の役割は、情報収集です。「事実という材料」をかき集めるのです。

ですから、もう少し時間をかけて、Cさんからヒアリングをする必要があります。「顧客との馴れ合い」というものが一体何なのか？　何を根拠にそう思ったのか？　いつからそう思っていたのか？……そういうことを丁寧に聞き出すことです。もしかしたら、Cさんの単なる思い込みにすぎないかもしれませんし、場合によっては、就業規則に反するようなBさんの背徳行為が露見するかもしれません。

昨年度の全社トップという地位を守るためのプレッシャーが原因だったり、CさんとBさんが肌の合わないタイプだっただけという可能性もありますが、そういう仮定の話や予想、思い込みは極力排除しなくてはなりません。必要なのは「事実」です。

その次にやることは、片方の一方的な情報だけに頼らないということです。必ず、もう一方の当事者からもヒアリングしなくてはいけません。

だからといって、「こんなことをCさんが言っているけど、どうなんだ？」とストレートに聞くのは、NGです。私なら、まず最近の状況から聞いていき、核心に迫る方法を取ります（上司の独特なコミュニケーションスタイルというものもあるでしょうから、一概に良し悪しは決め付けられませんが）。

それでも不十分なら、当事者ではない第三者である他のメンバーからも情報収集することです。事を大袈裟にしないためにも、私ならストレートに聞かずに、さりげなく周辺から探りを入れるようにヒアリングすると思います。第二章でもお伝えしましたが、メンバーとのコミュニケーションには、とにかくかけられるだけ時間をかけることです。

部下を選ばなくてはならない。さあ、どちらを異動させる?

上司が部下から判断を求められるもので、どうしても多いのがトラブルに関するものです。トラブルについては、社外を巻き込んだものと社内に限られたものと、ふたつが考えられますが、社内でのもめごとで一番多いのが、人間関係についてのものです。

もし、このケースが、CさんとBさんの人間関係によるトラブルが原因だった場合、上司であるあなたは、どのような判断を下すでしょうか?

お互いの努力や配慮で歩み寄れる(関係性を改善できる)と判断したなら、両者と話をし(場合によっては結果的に3人で話をすることも考えられます)、Cさんに今の組織で引き続き仕事をしてもらうよう説得を試みます。しかし、もっと深刻な場合は、「判断」は次の段階に進まなくてはなりません。

どちらかを異動させる、というものです。

上司にとっては苦渋の選択になります。しかし、問題をそのままにしておけば、事態の更なる悪化が予想されます。Cさんは会社を辞めると言い出しかねませんし、BさんとCさんのギクシャクした雰囲気が営業所全体に広まり、他のメンバーの士気が下がる可能性もあります。高い目標を追いかける中、そんな悪影響は最小限にとどめなくてはなりません。

では、異動させるとしたら、BさんとCさんのどちらを選択するか？

選択の際の大切なポイントは、その後の体制で、Bさん、Cさん以外の残されたメンバーのモチベーションがどうなるかの予測です。

正しい選択は、その「どちらか一人」を異動させた後、一時的には戦力ダウンになるかもしれませんが、その問題が解決されたことによって、他のメンバーのモチベーションが以前より高まり、組織全体の活力が増し、以前よりも高い業績を残す……というようになることです。実際、こうしたケースは十分にあり得るのです（第三章で解説した「嵐」のことを思い出してください）。

「二人とも異動させる」という喧嘩両成敗的な解決法は、理屈上はあったとしても、現実には難しい気がします。両者のバランスは取れたとしても、主力のメンバーが二人も抜けたら、目標数字の達成どころではありません。

こんなときの判断基準として持っておかなくてはならないのが、「誰の（何の）利益を守るのか」ということです。

この場合、Cさんや Bさんの個々の利益よりも、組織全体の利益を優先させなくてはなりません。たとえ、そのことで一方から恨まれようとも、厳しい決断をしなくてはならないということです。

判断するタイムリミットはいつ？　常に「持ち時間」を計算せよ

次に、「持ち時間」の話に進みましょう。

この件を解決するために、あなたが必要とする時間は最低どれくらいだと思いますか？

――こうした「時間」に関する問いかけは、絶対に欠かせない観点になります。

「持ち時間」という考え方は、マネジメント上、非常に大きな要素なのですが、多くのマネジメントに関するビジネス書でも、なぜか触れられていないことが多いのです。

何かしらの判断を迫られる案件を部下から持ち込まれた場合、まず、判断にかけられる時間を計算することです。最終的な結論までに、どの程度の猶予があるのか、「持ち時間」をザックリ読むのです。

このケースの場合、私ならある程度の結論を導くのに、1週間くらいだと考えます。ファクト・ファインディングのためのヒアリングに、それなりの時間と段取りを踏む必要があるからです。即決するような案件でもありませんし、だからといって1ヶ月も先延ばしにはできません。前にも述べましたが、まずCさんが納得しないでしょう。「上司はまったくアクションを起こしてくれない」と、いつの間にか不満の捌《は》け口が、上司に向かうことだってあります。

人事がらみの話ですから、実際に人が異動するまでの時間を考えると、もっと長期化するのは目に見えています。ただ、少なくともCさんに対しては、この組織の中での方向性を1週間ほどのうちに伝えなくてはならないと思います。

最後は、「エイ、ヤァ！」でリスクを負うのが上司の上司たる所以

こういう話をしたときに、実際の中間管理職の方から、よく尋ねられるのは、「一体どの程度まで、実態のヒアリングを行えばいいのでしょうか？」というものです。〝事実という材料〟をかき集めることの重要性を理解してくれたがゆえの質問ですが、さじ加減がわからないというのです。

ファクト・ファインディングと矛盾するような言い方になりますが、最後は、「エイ、ヤァ！」で決めるしかないと思っています。情報収集は絶対に欠かせません。ただ、100％の情報収集というのは、そもそも無理だと思ったほうが賢明です。解決までのスピードを考えると、おそらく70％〜80％くらいの段階で判断することになるでしょう。

日本人は完璧主義的な傾向を強く持った民族です。どうしても納得のいく段階まで、結論を先延ばしにしがちです。海外の企業とやり取りをした場合に、海外のビジネスマンが決まって皮肉を込めて言うのが、「日本人は必ず案件を持ち帰ってしまい、即決できない」というものです。日本人は、この「エイ、ヤァ！」が苦手なのです。しかし、物事を前に進めるためには、時として思い切りも大事です。

「持ち時間」と「手に入れた情報」を天秤《てんびん》にかけながら、7、8割の材料で前に進むのです。

「じゃあ、残りの2、3割のリスクはどうするのか？」と言われそうですが、その2、3割のリスクを負って判断し、前に進むのが上司の本来の役割なのです。そして、そこにこそ上司としての仕事の醍醐味《だいごみ》があるものなのです。

リスクを避けることばかりを優先して、決断を先延ばしにしてしまう上司に、部下は魅力を感じません。「いざという時には、俺が責任を取る」のひと言が「威厳」を生みます。

第四章のまとめ

① 「ファクト・ファインディング」で、なるべく多くの判断材料を集める。
② 仮定の話、予想、思い込みは、できる限り排除する。
③ 誰の(何の)利益を最終的に守るのかという判断基準を持つ。
④ 結論までにどの程度の猶予があるのか、「持ち時間」を計算する。
⑤ 最後は、リスクを覚悟して「エイ、ヤァ!」で判断を行う。リスクを背負う姿勢が、「威厳」を生み出す。

第五章 ブレずに判断する

上司の立場から「逃げて」しまったら、その場でアウト！

「ぼくは、1試合、1試合、ふりかえっています。
まとめてふりかえることはしません」
——イチロー

「軸がブレる」上司は、信頼されない

この章でも、引き続き「判断」について話をしていくことにしましょう。まずは、次のケースについて考えてください。

ケーススタディ②

WEBサイトの運営会社に勤務するAさんは、部下を5人抱える広告営業部の課長だ。女性向けのWEBサイトの広告を受注するのが仕事で、Aさんの課は営業部の中でも、とりわけ受注額の大きなクライアントが集中した部署。その分、景気動向に左右されることが多く、昨年度はAさんの課だけが目標達成できずに悔しい思いをしていた。

ある日、営業マンのBさんが、帰ってくるなり、勢いよく報告にきた。

「C社に年間契約の広告タイアップ企画のプレゼンテーションに行ってきたのですが、やってもいいと言ってくれています。新規の取引で約3000万円の受注です！」

C社は、担当したBさんが3年通い続けてアプローチしてきたダイエット食品のクラ

イアントだった。今までの何倍もの受注額に、Aさんは大いに喜んだ。

しかし、Bさんは言いにくそうに、「実は、C社なんですが、一昨年、別の商品で消費者からのクレームがあって、消費者相談センターから警告を受けていたんです。でも、その商品はもう市場から回収されていて、去年、業務改善が認められ、警告指定企業から外れています」

すかさずAさんが「で、警告指定企業から外れてから、1年たつのか?」と聞くと、「……いえ、ちょうど8ヶ月です」とのこと。Bさんの答えに、Aさんは大きくため息をついた。

警告指定企業の解除から1年間は広告を掲載しないという審査上の社内ルールがあったのだ。WEBサイトの信頼性を維持するために、受注額の大きさに関係なく、このルールについては社内で何度も議論され、厳しく運営されてきていた。

一でも、この8ヶ月、新商品のクレームはゼロです。来月からキャンペーンなのでこのタイミングを逃すと、年間契約もパーです。ここはなんとしても受注したいんです。特別に例外として認めてください!」。Bさんの表情は真剣だった。

実はつい最近、別の部下から、受注額は小さかったがまったく同じケースの相談があり、「ルールは絶対に守るように」と念押ししたところだった。

ちょうど半期が終わり、年間の目標達成のトレンドからやや出遅れているAさんの部署にとって、3000万円の大型受注は喉《のど》から手が出るほど欲しいものでもある。あなたがもしAさんだったら、どうするか？

●最終的に、あなたはどのような判断をしますか？

●また、どういう観点で、この件を検討しますか？ 考慮すべきポイントを考えられる限り書き出してください。

●この判断にかけられる「持ち時間」はどれくらいだと思いますか？

さて、あなたは、どのような答えを考えましたか？

ここでのポイントは、判断の軸をしっかり持つということです。前の章でも、判断基準に触れていますが、このケースで最も問いかけたいことは、明確な判断基準・価値基準が自分自身の中にしっかり存在するかどうかという点です。

リクルートで管理職に昇進したときに、新任マネジャー研修で、担当役員から最初に言われたことが、「ブレない軸を持て」ということでした。上司は、判断するのが仕事。その判断を、「昨日と今日」「社内と社外」「上に対してと下に対して」「強い者と弱い者」など、状況や人によって変えてはならないという戒めの言葉でした。

上司の判断がコロコロと変わることで、一番困るのは部下です。そのたびに右往左往しなくてはならないのですから。

私は何かを判断しなくてはならないときに、必ず自問自答します。「この判断に必要な自分軸は何だろうか？　そして、その軸はブレていないだろうか？」と。そして、過去に自分が行ってきた判断の軸との整合性を確認してから、決断を下すようにしているのです。

「部下からの信頼は、築くのにある程度の時間がかかるが、崩れるのは一瞬だ」という言葉もあります。信頼は、事実の積み重ねの上にしか成立しないからです。

ブレない軸（明確な判断基準や価値基準）のもとに下した判断の積み重ねが、部下からの信頼を勝ち得るのです。

フェアな判断、一貫した判断が、部下のモチベーションを高める

先ほどのケーススタディに戻りましょう。

この場合、判断する上で対立する軸は、「全社的に確認され、別の部下に念押しした ルールの徹底」と「今日、目の前に現れた大型受注への特例措置」です。これ以外の対立軸を考えてみると、「例外を認めて欲しいと熱心に働きかけてくるBさん」と「ルールに従っている他のメンバー」、「3年もかけてアプローチしてきたC社」と「他の会社」、「3000万円という大きな受注額」と「小さな額の受注」などが挙げられます。

昨年度、目標達成できずに悔しい思いをしてきたAさんには、年間予算の目標達成は何が何でもやらなくてはならないという思いがあるでしょう。そんなAさんにとって、「目標達成」と「決められた社内ルール」とどちらを優先させるかは、大きな問題に違いありません。

あくまでケーススタディですから、絶対的な正解というものはありませんが、私なら、

「ルールを曲げてまで受注はしない」という判断を下します。

なぜなら、特例を認めないからといって（それで結果的に受注できなかったからといって）、この段階で部署の目標が達成されないと決まってしまうわけではないからです。また、このケースに例外を認めるだけの特別な要素があるとも考えにくいのです。受注金額の大小や、リレーションを築くのにかかった年月の長さ、Bさん本人の熱意など、悩ましい部分はありますが、特例措置を講ずるに価するかどうかは疑問です。特別な例外というものは、認めた瞬間から、特別でも例外でもなく、普通に当たり前のルールになってしまうものなのです。

重要なことは、どんなときでも「フェアな判断」「一貫した判断」ができるかどうかということです。目先の利益を優先させ、特例を認めた場合、「ルールは絶対に守るように」と言われた他のメンバーのモチベーションはどうなるでしょうか？　もしかしたら、ルールを遵守するために、他の案件で受注を諦めた部下がいるかもしれません。その件とC社の件の違いを全員が納得できるように説明できるでしょうか？

メンバーの間で不公平感を残すと、必ず全体の士気が下がります。

逆に、「特例は認めない」という強い意志を貫くことで、他のメンバーからの信頼が増し、課としてのモチベーションが上がることも考えられます。

勝手を言えば、あと4ヶ月キャンペーンを遅らせてもらい、取引できるようC社に働きかけるということもあるかもしれませんが、そもそもその前の段階での「特例はない」という判断が不可欠になります。

あと考慮すべき点があるとしたら、Bさんのフォローを忘れないということです。「なぜ、特例を認めないのか」を心の底から納得してもらうまで、話し合わなくてはなりません。借り物の言葉ではなく、自分の言葉でじっくり説明する必要があります。自分が腑《ふ》に落ちていなければ、相手には伝わりませんし、説得もできません。

Bさんへのフォロー。そこまで思いが及んでいたなら、あなたのマネジメント力はかなり高いレベルまで達していると言っていいでしょう。

それに、そもそも、なぜそのようなルールを敷いたのか。しかも、何度も議論されながら、なぜそのルールが守られてきたのか。それは、会社全体の利益を守るためであり、そのサービスを受ける消費者を守るためです。ここでルールを壊すことは、それらが危険にさらされる可能性があるということでもあるのです。会社の利益を守るのも、中間管理職の役割だということを覚えておいてください。

「ブレない」「逃げない」「迷わない」「後悔しない」の4つの「ない」

……ということで、このケースの判断に対する「持ち時間」はゼロ。つまり、「即決」しなくてはならない問題なのです。

「1日くらい持ち帰ってもいいのではないか」「部長に確認してからでもいいのではないか」と思う人もいるかもしれませんが、即決をしなかった場合、その時点で他の部下からの信頼感はかなり低くなると私は考えます。

上司が絶対にやってはいけないことのひとつに、「判断から逃げる」というものがあります。本来なら即決すべき判断を、先送りしてしまうことです。ケーススタディ①のように、判断の精度を上げるために情報収集に時間をかけることとは根本的に違います。

特に最悪なのは、「オレは個人的にはいいと思うんだけど、会社の決定だから……」という説明（言い訳）です。「部長の決定だから」「役員の決定だから」「上の決定だから」も同様の言い訳です。これは単に判断を自分以外の責任にして、当事者から逃げているにすぎません。

これでは、上司の存在など、まったく必要ありません。

ハッキリ言います。

「自分は～と思うけど、会社が～」というフレーズは、こんりんざい使わないことです。

こう言われて、上司に共感する部下は皆無です。ガッカリされることはあっても、信頼されることは断じてありません。

「逃げない」ことは上司の条件です。

上司は常に、「判断に責任を持つ」というリスクを背負っています。だからこそ、部下より高い給料をもらっているのです。タイムカードをチェックしたり、伝票にハンコを押すことだけが上司の仕事ではありません。

そして、出した判断は必ず自分の中で消化しておくことです。上司として出した判断や結論について、部下が納得感さえ持てていれば、結果として多少の判断ミスがあったとしても、それで組織が乱れることはありません。むしろ組織が崩れるのは、上司が逃げてしまったケースのほうが圧倒的に多いのです。

さらに、決めたら「迷わない」ことです。決めたら、とにかく前に進むのです。ダメなのは、答えを出さずに、迷ったまま立ち止まってしまうことです。客観的な物言いで、「ああだ、こうだ」と口先だけの評論家スタンスでは、部下はついてきません。判断力とは、前に進む力のことでもあります。軸がブレたり、逃げたり、迷ったりしていては、前に進みません。

最後に、万が一間違いに気付いても、「後悔しない」ことです。人間ですから、間違うこともあります。前に進んだ上で、方向を修正することは構いません。その際も、前を向くことです。後ろを振り返って、クヨクヨしても仕方ありません。過去はどんなに思っても変わりませんが、未来はいかようにも変えられるのです。

ブレずに迷わなかった小泉純一郎、ブレて逃げてしまった安倍晋三

はじめにでも書きましたが、「ブレない」＆「迷わない」の代表的な人物と言えば、小泉純一郎元首相を挙げることができます。

変人と呼ばれるほどの頑固者ですから、とにかく軸がブレません。構造改革、靖国神社参拝、郵政民営化など、どんな圧力にも屈することがありませんでした。揺るぎない一貫性、迷いのなさは、参議院本会議で自民党の造反議員による郵政民営化法案が否決された際の、衆議院を即座に解散した潔さに表れています。私の経験上、そのときの記者会見ほど、政治家による「こわさ」を感じたことはありません。その「威厳」ある態度は、多くの人の心を動かしました。事実、造反議員の全員に例外なく公認を与えず、刺客まで送り込むという徹底した姿勢が、結果的に国民から絶大な支持を得たのです。

小泉政権の是非は横に置くとして、小泉さんの「強さ」「こわさ」「威厳」の源泉は、「ブレない、逃げない、迷わない」の姿勢にあったと言ってもいいでしょう。

対照的に、小泉さんの跡を引き継いだ安倍晋三元首相は、軸が何かとブレてしまっていました。靖国参拝や郵政造反組の復党問題など、自分の主張とは矛盾する意見にまでバランスを取ったがゆえに、一貫性を失い、足元からも不満が噴出したのです。極めつけは、参議院選挙での歴史的大敗後の迷走ぶりでした。選挙結果の大勢が判明した時点で続投を表明しましたが、有権者に「政権選択」を迫っておきながらの続投には、自民党の内外からも厳しい批判の声が出ました。挙句の果てには、内閣改造を行い所信表明演説まで行った翌々日の辞意表明です。

官房長官以外に大臣経験もなく首相になったのは、新入社員が2年目にいきなり課長になるようなものかもしれません。そんな経験不足の中、次々と任命大臣の予測できない辞任劇が起きてしまったという不運も重なりました。ただ、経験のなさが致命的だったことを割り引いても、ブレて逃げてしまった安倍さんの弱さが際立ってしまった退陣劇でした。

緊急事態の対応と判断にこそ、上司の力量が最も問われる

政治家という存在は、突発的な事故やスキャンダルにどう対応するかを常に問われる宿命を持っています。企業経営者もまた、危機管理（リスクマネジメント）が重要な責務になります。「予期せぬ緊急事態にどう対処し、判断するか？」は、現場を預かる中間管理職にとっても、最も力量が問われるものです。

では、次のケーススタディを考えてください。

ケーススタディ③

　Aさんは、ある出版社の看板雑誌の編集デスク（課長職相当）だ。

　その日は、朝からスケジュールが立て込んでいた。午後の早い時間には、協力会社であるある編集プロダクションの設立5周年パーティに、編集長の名代として招待されている。先方から強く依頼されていた祝賀スピーチの原稿をまとめなくてはならない。草案をメモし始めたら、人事部から「部下の考課に使う能力開発シートの締切りが今日の午前中なので、必ず提出して欲しい」という電話を受けた。シートは、机の上に積み上げられた書類の中に紛れたままだ。夕方には、社内の若手編集者向け勉強会の講師を務めなくてはならなかったので、頭が痛かった。90分間も話をしなくてはならないのに、まだ講義内容の整理もできていなかった。

「とにかく、午前中にできるだけ済ませておかねば……」。まずは今日のことだ。明日入稿しなければいけない原稿は、深夜残業してやろうと覚悟を決めた矢先だった。

　スピーチ原稿を推敲していると、青ざめた顔をした編集部の新人メンバーBさんから、

「すみません」と消え入るような声で、話しかけられた。「どうした?」と聞くと、モジモジしながら、「昨日発売された雑誌の記事の中で、紹介した商品の写真が入れ違っていたんです。私のミスだったのが今わかって……」。その商品は、広告で大きな取引のあるクライアントがイチ押しの新製品だった。

Bさんの話では、今朝一番に、クライアントから、広告営業部の担当営業マン宛てに、「どうなっているのか!」という怒りの電話があったとのことだ。すぐにその営業部のマネジャーから編集部に問い合わせがあって、Bさんは、印刷会社に原因を問い合わせていたという。ミスの発覚から、もう1時間ほど経過していた。「どうして、すぐに報告しないんだ!」と声を荒らげたが、「デスクが忙しそうだったので……」と俯くばかり。

そろそろ、パーティに出かけなくてはならない時間になっていた。

編集長は海外出張で連絡がつかない。編集部には中堅メンバーが何人か残っていた。「一体どうしたら……」とオロオロするBさんを前に、Aさんは頭を抱え込んでしまった。

●もし、あなたがAさんだったら、最終的にどのような判断をしますか？
●また、どういう観点でこの事態を収拾させますか？　考慮すべきポイントを考えられる限り書き出してみてください。
●判断するのに、時間的な猶予はどれくらいあると思いますか？

このケースでは、優先順位をどのように考えるかがポイントです。

ポイントは、社内よりも社外を優先させること。

そして、その中でも優先順位を決めていくことです。

ケースにもよりますが、多くの場合、いいことへの対応よりも悪いことへの対応を優先させるべきでしょう。

今回の場合、祝賀スピーチは必ずしも自分でなくても構わないはずですから、誰か時間のある中堅メンバーに、代わりに行ってもらう段取りをつけます。スピーチで何を話せばいいかを手短に指示すれば済むことです。社内の勉強会やシートの提出は、当然のことながら後回しです。場合によっては、勉強会は中止や延期にしてもいいかもしれません。

最悪なのは、どういうケースでしょうか？　考えてみてください。

例えば、Bさんを怒鳴りつけることです。いくらそこに原因があろうとも、それも社内のことですから、後回しにすべきです。それから、Bさんと一緒にオロオロすることなども論外です。こういうときほど上司はどっしり構えていなくてはなりません。

何をおいても、ミスを犯してしまったクライアントにお詫びに行くことを最優先にすることです。中堅メンバーの誰かをお詫びに行かせて、自分はパーティに出てしまうというのは、面倒なことや嫌なことから「逃げて」しまうことと同じ。確信犯的にそういうことを行えば、部下から一斉に見透かされてしまいます。リスクの高い（大きい）状態ほど、人間性が露になってくるものです。

この場合、優先順位の第一が先方へのお詫び。次にBさんとの情報共有。なぜ、こういうことが起きたのかなど、印刷会社とのやり取りをヒアリングして事実関係を整理します。タクシーで先方へ向かう車中で構いません。そして、このミスによって、その後想定される可能性を考え、対処する（次号でのお詫びと訂正の掲載など）準備も必要なことです。

先方に着いたら、とにかく誠意を見せること。お詫びの場合、すべてにおいて、スピードと誠意を優先させます。大切なのは、「逃げず」に先方と向き合うことなのです。それらが解決したら、パーティを欠席した協力会社にフォローの電話を入れます。社内の関係者への連絡（営業マネジャーや編集長、勉強会の事務局など）は、その後で十分です。

そして、Bさんが落ち着いたら、ミスの原因をハッキリさせて、本人に責任があるようなら、最後の最後に本人を叱るというのが、私の考える順番です。以上を猶予なく、速やかに行動に移せるかどうかが、上司の器の大きさにつながります。

もちろん、企業によって微妙に事情が違いますから、絶対的な正解というものが存在するわけではありませんが、大きくはズレていないはずです。

自分の性格を認識することは、最終判断時に非常に有効

さて、ブレない判断をするために、気をつけたほうがいいポイントをまとめてお教えしましょう。

ひとつは、自分の性格とは正反対の判断傾向を意識するということです。自分のような性格の人だったら、こんな判断を下すだろうということを認識した上で、その判断とは正反対の面を必ず押さえておくのです。

少しわかりにくいと思いますので、具体的な例を挙げて説明しましょう。

私はどちらかというと、「情に流されやすく、優柔不断な」性格です。適性診断の結果を見ても、「理屈」よりも「感情」で物事を判断しがちだとハッキリ傾向が出ています。だからこそ、判断を求められるときには、いつも「この結論には、情の部分が影響しすぎてはいないか？」と、自分の情緒的な部分が過剰になっていないかを振り返った上で、論理的な観点で最終的な検証をするのです。

逆に、「理」のほうが「情」よりも勝っている人は、自分の下した判断で、「誰かの気持ちを損なってはいないか？　誰かのモチベーションを下げてしまうことになるのでは

ないか？」と、「感情」面に気を配ることで、周囲の人たちのフォローを怠らないでいられるわけです。

自分の性格を認識した上での最終的な検証は、思い込みによる安易な判断を避けるためにも、覚えておくと便利に使えるものです。

もうひとつ。判断を求められて、とりあえず今すぐに何かを決めなくてはならないときにチェックしたほうがいい4つのポイントを記しておきます。

① 何を決めるのか？
② 目的は何か？
③ 他に方法はないのか？
④ 実行したときの不都合はないか？

というものです。

この4つのチェックも、決断をする前の、頭を整理するときに便利に使えるツールです（私は今でも手帳に必ずこの4つのチェック項目を記入しています）。

部下から、「どうしましょうか？」と相談されたときも、「うーん、まず何を決めればいいんだ？」「そもそも何のためにやるんだっけ？」「他に代案はないか？」「それをやったときに予想できる、不都合な面は？」などと、部下に問いかけながら一緒に問題点をクリアしていきます。

第五章のまとめ

① 明確な判断基準や価値基準のもとに下した判断の積み重ねが、部下の信頼を勝ち得る。

② どんなときでも「フェアな判断」「一貫した判断」を下す姿勢を持つ。

③ 偏った判断で不公平感を残すと、必ず全体の士気が下がる。

④ 「自分は～と思うけど、会社が～」というフレーズは、断じて使わない。

⑤ 「ブレない」「逃げない」「迷わない」「後悔しない」ことが重要。その態度が「威厳」を生む。

第六章　期待し、任せる

組織の活性化を左右する「部下への正しい任せ方」

「鉄砲玉が遠くまでとぶのは、
方向が限られているからさ」
——ディアギレフ

「丸投げ」は、権限委譲ではない。「任せて任さず」の微妙なさじ加減

前の章で、小泉元首相のブレない強さについて触れましたが、一方で、小泉さんの〝負の面〟を特徴付ける姿勢に「丸投げ」というものがありました。信念に基づいたことについては執拗にこだわる元首相でしたが、自分の関心の薄いテーマについては、担当できる人材にすべてをやらせてしまっていたと、メディアから揶揄《やゆ》されていたのを覚えている方は多いでしょう。

確かに「丸投げ」という言葉には、方向性も示さず、プロセスの把握もせずに、結果責任すら放棄しているようなイメージがあります。

この章のテーマは、「権限委譲」なのですが、右記のような「丸投げ」を推奨しているわけではありません。プレーヤーとしてはどんなに優秀な人でも、部下に任せることのできない上司は、上司失格です。さっそく「部下への正しい任せ方」というものを一緒に考えていきましょう。

松下幸之助さんは、権限委譲について、「任せて任さず」ということを言っています。「やってみたいという真剣な気持ちのある人にやらせてみる。好きな仕事であれば、大概はうまくいくが、うまくいかない場合もある。最終的には経営者が責任を負うのであるから、あまり口出しはせぬにせよ、脱線しそうなときはハッキリ注意すべきだ」（『経営のコツここなりと気づいた価値は百万両』より）

「任せて任さず」というのは、権限委譲の微妙なさじ加減のことを伝えたかったのだと思います。

では、この章もケーススタディから始めます。

ケーススタディ④

Aさんは、化粧品会社の販売企画部のマネジャー（課長職）だ。ちょうど2ヶ月前、担当取締役から、Aさんに対して、ある課題が出されていた。雑誌などで展開している記事風の商品広告を自社のWEBサイトに応用し、消費者との直接流通（通信販売）の比率を、来期には今の倍に上げて欲しいというものだった。現時点での通信販売の比率は、全体の総流通量の3%程度だが、通信販売の高い利益率を考えると、将来的に伸ばしていきたい領域であることは明らかだった。

Aさんは、販売企画部にいるメンバーのうち、営業部から異動してちょうど1年たっていたBさん（入社5年目）に、この仕事を任せた。それまでBさんは、キャリアの長い先輩たちに付いて仕事をしてきたが、そろそろ主力メンバーとして独り立ちしてもいいころだと考えたからだ。

しかし、Bさんに、この仕事を任せると話してから2ヶ月間、期待を込めて見守ってきたにもかかわらず、Bさんからは企画書らしきものが一度もあがってこなかった。Aさんは機会を見つけて声をかけようとしたが、どことなくBさんがそれを避けているように感じることもあった。

そんなとき、先輩メンバーのCさん（入社8年目）が状況を察してか、「その仕事は自分がやりますよ」と申し出てくれた。担当していた他のプロジェクトを終えたばかりのタイミングで、WEBにも強いCさんは、うってつけの人物だった。担当取締役からも「あの件は、どうなった？」とせっつかれているAさんは、早く結果を出さなくてはという焦りも感じていた。
あなたがもしAさんだったら、どうするか？
●最終的に、あなたはどのような判断をしますか？
●また、どういう観点で、この件を検討しますか？　考慮すべきポイントを考えられる限り書き出してください。

このケースも非常に悩ましい問題ですが、与えられた課題（業務そのもの）の結果だけを求められていると考えれば、答えは簡単です。「できる人がやればよい」のです。

しかし、中間管理職の上司は、業務そのものの結果を出す（例えば、営業部門なら売上目標の達成、製造部門なら新商品の開発などです）ということ以外に、非常に大きな役割を担っています。それは、部下の育成・能力開発というものです。

上司は、部下の成長の機会を奪ってはならない

上司というのは、部下よりも何かしら優れていたり秀でていたりするからこそ、人の上に立っているのです。原則的には、部下よりも、上司が実際に業務を担当したほうが、仕事が早くて質も高いのは当たり前。なので、いったん部下に仕事を任せたにもかかわらず、その速度や完成度をじれったく感じて、部下から仕事を奪ってしまう上司がいます。

往々にして、その手の上司は、自分が悪いことをしているという意識を持っていないものです。さらにたちが悪いことには、自分がやってあげているんだと、誇らしく思っている上司すらいます。

これは大きな誤りです。なぜなら、部下から「場数を踏むという経験」や「難題に挑戦することで得られる成長の機会」などを奪っていることに気付いていないからです。

総じて、部下時代に優秀なメンバーだった人ほど、上司になったときに、部下から仕事を奪う傾向にあります。優秀だった人は、昇進してからも比較的自由に仕事を任され、さまざまな権限を与えられることが多いので、これは非常に危険なことです。社内で「部下の芽を摘み取っている」ことが、見えにくくなってしまうからです。

なんでも自分でやってしまう上司のもとでは、組織も人材も育たない

リクルートの優秀な営業マンには、そんな「部下の仕事を奪いがち」な人が大勢いました。営業所などで大きな売上数字を上げて、そのまま同じ部署でマネジャーに昇進したケースなどがそうです。自分が開拓した新規顧客や大きく育て上げたクライアントを部署として抱えているので、どうしても部下に任せることができずに、自ら営業活動をやってしまうのです。

そうした場合、彼は一人の営業マンとしては優秀な人材ですから、部下の案件を次々と見事にクロージングしていき、短期的な売上は飛躍的に伸びます。ところが不思議なことに、ある段階から数字がパタッと伸びなくなるのです。いくら営業能力が優秀だとはいえ、マネジャー個人でやれる業務量には限りがあるからなのです。しばらくして見てみると、現場業務には、疲弊しきったマネジャーといつまでも一人前になれないメンバーだけが残されている、ということになります。

彼らはそこで初めて、自分だけが一生懸命にやっても、組織というものは自分の器以上にはならないことに気付くのです。

同じ課題をお持ちの方は、一度、自分が前面に出ていくことを我慢して、部下に仕事を任せていくことにチャレンジしてみてください。すると、自分だけでは到底できない量の仕事が、組織という単位でならやれるんだ、ということを実感できるはずです。そして、その壁を越えた者が名実ともに優秀なマネジャーとして活躍していくのです。

社長が何から何まで自分でやってしまう会社は、いつまでも個人商店の域を出ない(社長の器以上に大きくならない)という理屈と同じことです。

組織を大きく成長させるためには、部下を育てて仕事を任せていくことが不可欠になります。「任せる」ことが、マネジメントにおいて、いかに重要かをご理解いただけたでしょうか。

「任せ」つつも、プロセスはしっかり把握すること

ケーススタディ④に戻ります。

Bさんの仕事をCさんに担当替えすることは、その仕事のことだけを考えれば、手っ取り早い話です。「できる人がやればよい」という発想ですね。しかし、そうした場合、

Bさんのモチベーションは下がり、この部署での成長の可能性まで摘んでしまいかねません。我慢することも上司の役目なのです。

さて、このケースで大切なのは、「どこまで我慢ができるか」の見極めです。場合によっては、能力開発だの人材育成だのと言っていられない緊急課題もあります。社運を賭けるような課題なら、全社の中からベストの人材を投入するという選択肢だってありえます。

ですが、このケース④の場合はどうでしょうか？「将来を見据えて、総流通量の3％である通信販売での売上を来期には倍の6％にする」ことが課題です（もしこれが、「今期の売上のダウントレンドを挽回するために、総流通量の30％を占める通販売上を50％まで引き上げて、今期の利益を絶対確保したい」というような、額の大きな逼迫《ひっぱく》した課題だったら、話は違います）。

やはりこれにも絶対的な正解はありませんが、思うに、緊急度や影響度の点で、まだ我慢のできそうな課題のような気がします。ここは、Bさんに踏ん張ってもらうためにも、担当を外すという決断はしたくありません。そのかわり、時間に余裕のできたCさんには、他の業務と並行してアドバイザー的にこの業務も担当してもらうことをお願いしたいものです。

つまり、ベテランのCさんの力も借りながら、Bさんに一人前になってもらえるような環境を作ることが大切だと思うのです。その際に、業務プロセスの把握は欠かせません。今以上に進捗《しんちょく》の管理は強化すべきでしょう。進捗状況を担当取締役に報告しながら、もしかしたらBさんとCさんの担当バランスを軌道修正することもあり得るからです。

「任せる」ということは「手を離す」ことですが、「手離れのよさ」と同時に「プロセスの把握と関与」は、逆に強めることが求められます。

これで、「任せて任さず」という言葉の奥深さを少しは理解していただけたと思います。

「判断」するのに「持ち時間」の計算が不可欠なように、「人材育成」「能力開発」にも「持ち時間」の計算をしなくてはなりません。いつまでに誰を一人前にするかが明確になれば、その間に与える業務も自ずと決まってきます。新人営業マンの育成において、まず新規の顧客開拓からやらせ、徐々に既存クライアントを持たせる……という方法をとる企業は多いですが、これは、緊急度、影響度、重要度の観点からも、実は理にかなっていることなのです。

不毛な議論が続くとき、上司は会議をどう仕切ればよいか？

引き続き、次のケースを考えてみましょう。

ケーススタディ⑤

Ａさんは、中古車販売会社の営業所長（課長職）だ。新しい期を迎えるにあたって、エリア担当部長から、Ａさんの営業所にも売上の目標数字（予算）が振り分けられてきた。中古自動車市場が急激に成長していることもあり、対前年比で大きな伸び率の目標が設定され、昨年好調だったＡさんの営業所には、とりわけ大きな数字が乗せられていた。

Ａさんは、営業所に所属する5人のメンバーのことを頭に浮かべながら、今度は目標額の振り分けを個人ごとに行っていった。入社年次、会社でのキャリア、前年度の売上額と目標に対する達成率……などを考慮して、個別の数字を作ったのだ。

結果として、入社年次でも実年齢でも、営業所内のメンバーの中で上から2番目のBさんが、最年長のCさんよりも大きな売上数字を目標に抱える形になった。前年度の販売絶対額が最も大きかったこと、担当している現顧客の中に買い替え需要の高い層が多く含まれていることなど、それなりの根拠はあった。

深夜まで目標の設定作業を行ったAさんは、早速、翌日の営業会議で、全員に対して来期の目標数字を発表した。すると……。

「どうして自分だけが他のみんなよりも大きな目標数字を持たなくてはならないのかわからない。こんなんじゃ、やってられない!」と、真っ先に反発したのがBさんだった。

Aさんは、Bさんのことよりも、むしろ目標絶対額1位の座を譲ってしまったCさんに配慮しなくては……と思っていた。しかし、Bさんから「納得のいく説明が欲しい」と詰め寄られ、5人のメンバーから「ああでもない、こうでもない」と目標額についての勝手な意見が飛び出してきて、戸惑ってしまった。

あなたがもしAさんだったら、どうするか?

●Aさんの至らなかった点があれば、それを挙げて、本来行うことを具体的に書き出してください。
●この状況をどう収拾すればよいか？　Bさん、Cさんへの具体的な対応も含めて、考慮すべきポイントをすべて挙げてください。

ここまで、本書を読み進めていただいた読者の方なら、Aさんの至らなかった点はすぐに思いあたりますね。まずメンバーとの日常的なコミュニケーション不足です。いきなり目標数字を営業会議で発表する前に、個別の話し合いを持つべきだったでしょう。細かい数字まではともかく、営業所全体が持つことになった目標について、Aさん自身がどう考えているか。メンバーはまずそれを知りたいはずです。その後、それに基づいた各個人の目標数字の配分について、営業の方向性なども含め、各メンバーとしっかりすり合わせておけば、こんな事態にはならなかったと思われます。目標のすり合わせの重要性については、第二章でも書いてきているとおりです。

……それでも、もし万が一このような状況に陥ってしまった場合、どう収拾をつければいいでしょうか？

この営業会議の混乱の要因は、大きな方向性（誰がどういう目標数字を抱えるかの大方針です）のすり合わせができていないことです。方向が定まっていないのに、「誰がどれだけの目標を持つのか」について各論で議論をしても仕方ありません。この営業会議の場で、全員のメンバーを巻き込んで、細かい議論に入っていくことだけは避けたいものです。みんなが納得感を持てるような結論は出ないでしょうし、たとえいい結論が出たとしても、そこまでに多大な時間を費やすことになるでしょうから。

実は、これに似た話は日常的に頻繁に起きているのです。会議で不毛な議論が続くときは、たいてい大方針が欠如しているにもかかわらず、瑣末《さまつ》なことばかり議論していることが多いもの。こういう会議の議長を務める上司の役割は、いったん会議を中止することなのです。

そして、持ち帰った課題について、個別にメンバーとじっくり話をしてください。

「目標」を「ノルマ」と思わせるか、「快感」と思わせるか

さて、個別の話し合いの場では、私なら、Bさんに対しては、「会社からの期待値」について説明をします。「目標の大きさ」は「会社からの期待の大きさ」に他なりません。もちろん、上司である「Aさんからの期待の大きさ」でもあります。人は期待に応えようとする本能があります。そして、それに応えて目標を達成したときの喜びは何ものにも代えられません。そして結果として、昇給や賞与、昇進など、待遇面に正当な評価が反映されれば、自ずと「やる気」は出てきます。

■大きな期待をかける⇩プロセスを支援する⇩達成した喜びを一緒に分かち合う（未達成の場合は、上司が責任を引き受ける）

この流れに、異を唱える人はいないと思います。しかし、同じような流れでも、

■仕事を部下に押し付ける⇩プロセスは放置したまま⇩部下の成果を横取りする（未達

成の責任を本人にかぶせる）

当然ながら、これでは「やらされ感」だけがあって、自発的な「やる気」など起きるわけがありません。つまり、気持ちよく仕事を任せることができ、期待値の大きさについてきちんと説明できて、納得させられれば、目標額の大きさに対して反発することはないはずです。その結果、本人から「挑戦します！」という言葉を引き出せれば、言うことはありません。

Cさんに対しても、期待をかけるという点では同じです。できれば奮起を促す形で、Cさん本人から自発的に「Bさんに負けない数字に挑戦したい」という気持ちが出てくれば、この営業所は非常に活性化するでしょう。

ただしその際、上司として気を配らなければならないのは、部下に対して不公平にならないという点です。

個別の目標に対するモチベーションを上げた上で、再度全員を会議に招集し、仕切り直しができれば、問題はないと思います。

余談ですが、リクルート時代の大先輩・生嶋誠士郎さん（私が広報室課長だったときのリクルート事件対応の広報担当役員でした）は、「リクルートはノルマがきつくて大変そう」という社外からの見方に対して、「明確な目標は『快感』である」と言い切っています。「数字を追いかけるという原初行為のなかで、工夫と努力とお互いの共感とを追いかけている。そして自己実現と感動も追いかけていることが快感以外の何ものであろうか」という考え方を述べているのです。

スポーツ選手が、0・01秒の数字の世界で、記録という目標に挑戦する姿に、「ノルマ」という言葉はありません。目標に挑戦するのは、本来、人間が持っている根源的な欲求のひとつに違いないのです。「目標」を「快感」と思わせるか、「ノルマ」と思わせるか、それもまたマネジメントの基本姿勢のような気がしています。

「プラスのストローク」で期待をかけ、快感度アップ

「やる気」に話を戻しましょう。

部下の「やる気を促す」には、相手の存在を認め、肯定することから始めることです。

そのときに「プラスのストローク」というものを意識してください。

ストロークとは、働きかけのことです。「承認する」ことはもちろん、「愛情を注ぐ」「信頼する」「関心を示す」などが含まれます。そして、人間というものは、誰でも「働きかけられること＝ストローク」を求めて生きているものなのです。

今すぐにでもできる「組織におけるプラスのストローク」の例を、まとめて書き出してみます。

●話す

挨拶する。名前を呼ぶ。声をかける。知らせる。励ます。気持ちを込める。

●聴く

相手の気持ちや立場を慮《おもんぱか》る。本音を引き出す。理解を示す。耳を傾ける。尊重する。

●見る

向き合う。目を見つめる。まなざしを投げかける。目線の高さを同じにする。

●応じる

返事をハッキリする。丁寧に答える。頷く。拍手をする。

●**触れる**（異性の場合は状況に応じて！）
自分から近付く。握手をする。肩に手をかける。
そして、「プラスのストローク」の最後には、
●**心の底から笑って喜びを分かち合うこと**
です。

「無視する」「睨みつける」「遠ざかる」「素っ気なくする」「目をそらす」「適当にあしらう」など、くれぐれも「マイナスのストローク」によって、部下のやる気を削ぐようなことにならないよう注意してください。

第六章のまとめ

① 業績責任以外で、上司の大きな役割は、部下の育成・能力開発。

② 部下に仕事を任せることで、個人では到底できない仕事を組織としてやれる。

③ 「任せて任さず」という「手離れのよさ」と「プロセスの把握と関与」のバランスが大事。

④ 大きな方向性さえ確認できていれば、各論の議論でもめなくて済む。

⑤ 部下のやる気を促すために、「プラスのストローク」を活用すること。

第七章 叱り、ほめる

上司の些細な言動で、部下のモチベーションは上下する

「人間の感情には喜怒哀楽がある。
これを使って監督は人を動かす。
だけど、哀だけは必要ない。
哀では人は動かないんだよ」
——映画監督／市川崑

人の心を動かすものは、「理屈」ではなく「気持ち」

前の章で、部下のやる気を促す「プラスのストローク」について整理しましたが、「やる気」や「モチベーション」というのは、論理的な面だけでは説明しがたい部分もあります。それは、「人間の心」に関わる問題だからだと思います。

いくら「プラスのストローク」を実践していても、それが形式的なうわべのものなら、人はついてきません。逆に、まったく正反対のような行動でも、その奥底に部下に対する深い愛情があれば、大きなやる気を生み出すことがあるのです。

先日、テレビのドキュメンタリーで、ビルの窓拭き職人の実態に迫った内容の番組を見ました。彼らは「ブランコ師」と呼ばれていて、ロープ1本で自由にビルの壁を渡り歩き、窓の清掃を請負うプロフェッショナルな集団です。危険と隣り合わせで、給与面でも決して割がいいとは言えないにもかかわらず、プロとしての誇りを胸に仕事をしているのです。

地方の大学を中退しバイトを転々としてきた若者が、上京後、「ブランコ師」の仕事に挑戦する姿をカメラは追いかけます。そして、この新人を上司が徹底的にしごいていくのです。訓練に合格しなければ、現場を任せることはできません。ロープの結び方から重力を利用した横の動きまで、教えてやらせてみては、ダメ出しの連続です。「プラスのストローク」どころではありません。

新人は、恐怖と緊張から思ったような動きができずに、あと1歩がなかなか踏み出せないのです。「ダメだ。ダメダメ」と厳しい指導に、落ち込む日々が続きます。そんな彼を見かねた先輩社員が、会社の屋上の壁を使って、繰り返し体で覚えさせようとしてくれます。

そして、プロとして仕事を任されるかどうかの最終試験日、新人はぎこちないながらも与えられた業務を時間内にひとつひとつこなしていきます。ビルの窓の清掃を終えた新人が、地上に降りてくると、待っていた上司がひと言「やるじゃねえか」。

新人の晴れやかな表情に、短い番組ながら、とても気持ちのいいものを見た気がしました。ひとつ間違えば大事故にもなりかねない仕事だからこそ、妥協を許さない上司の厳しさ。その裏側にある部下に対する深い愛情。同じ目標に向かって進む同僚や先輩たちとの信頼感。そんなものが画面から感じられて、「こんな職場だったら、危険かもしれないけれど、充実した気持ちで仕事ができるんだろうな」と思いました。

第二章でも書いていますが、人の心を動かすものは、理屈ではなく、やはり気持ちなのです。頭だけで、理屈だけで部下をマネジメントしよう、などと思い上がってはなりません。部下への愛情の注ぎ方も人それぞれです。大切なのは、本質を見失わないこと。「プラスのストローク」のスタイルにも、いろんな形があっていいのです。あなた自身に相応しいマネジメントスタイルを早く身に付けてください。

上司は、感情に任せて怒ってはならない

再び、ケーススタディを考えてもらうことにしましょう。

ケーススタディ⑥

ＩＴコンサルタント企業に勤めるＡさんは、部下を８人抱えている「法人コンサルタント課」の課長である。

ある日、課の全員が出席する予定になっていた情報共有ミーティングが、会議開始の定刻を10分過ぎても始められなかった。他のメンバーは全員揃っているのに、中堅メンバーであるBさんがクライアントから戻るのが遅れていたからだ。

実は、先週もクライアント先からBさんが遅刻したせいで、会議が15分遅れて始まるということがあったばかりだった。

遅れてフロアに帰ってきたBさんを、課のメンバーたちが「またか」という顔をして迎えたのだが、Bさんは悪びれた様子もなく、帰ってくるなり、内線電話で担当営業マンに、「行ってきましたよ。あそこって話が長くって参っちゃいました。なかなか切り上げられなくって。それで、話の中身は……」と話を始めた。

Bさんの電話が終わり、結局ミーティングが始まったのは定刻から20分遅れだった。

＊　＊　＊

一方、別のメンバーCさんの話。Aさんは経理課長から、「先週、経理課のメンバーとCさんが、経理のフロアで口論になっていたぞ」と聞いた。Cさんは法人コンサル課のリーダー格の人物である。詳しく聞くと、全社的に経費節減を推進している中、法人コンサル課のミスコピーの多さを指摘され、カッとなったらしい。

最初はCさんも、「そんなにミスコピーが発生するはずがない」と反論していたそうだが、実際のデータを突きつけられ迫られると、「コンサルの仕事は、他部署と違って大量のプレゼン資料を作るのが仕事なんだよ！　誰のおかげで受注できてると思ってるんだ」と開き直ったのだそうだ。

●もしあなたがAさんなら、Bさんに対して、どう対処しますか？
●もしあなたがAさんなら、Cさんに対して、どう対処しますか？
●BさんとCさんへの対処の方法で、何か違う点、配慮すべき点があれば、挙げられるだけ書き出してください。

いかがでしょうか？　BさんとCさんとで、どのように違う対処を考えましたか？
このケースでは、「叱る」ことについて一緒に考えることにします。
「ほめる」ことに比べ、「叱る」ことを苦手とする上司は意外に多いものです。何を隠そう、この私も「叱る」のが苦手な一人です。そもそも、感情をあまり外に表すタイプではないので、ここぞというときの「叱り方」がうまくありません。

星野仙一さんのような感情剥き出し型マネジメントに憧れることもありますが、無理をして真似しても、やはりどこか違和感があります。管理職になりたてのころは、先輩マネジャーを見習って、いろんなスタイルを真似してみましたが、最終的には自分らしいマネジメントスタイルというものに落ち着いた気がしています。

「叱る」ときの注意点としては、自分の感情に任せて理性を失ってはいけないというものです。感情をコントロールできずに、部下に八つ当たりしたり、怒鳴り散らしたり、一方的に気持ちをぶつけたりするのは、上司として失格です。人間ですから感情的になるのは当たり前ですが、一方でどんなときも冷静さを保つ必要があります。

「叱る相手」と「叱る場所」と「叱るタイミング」の3つのポイント

「叱る」ときに、注意しなくてはならないことは、「相手が誰（どういう立場の人）なのか？」「どんな場所なのか？」「どんなタイミングなのか？」の3つです。

①叱る相手が誰なのか?

新入社員を叱るのとベテラン社員を叱るのでは、叱り方も変わります。

例えば、新入社員には、叱る理由を伝えて、理解させて、本心からそう思うまで話をしなくてはなりません。「わかったか?」に対する「わかりました」が本心からの言葉かどうかを、必ず最後の最後にチェックすることです。「言葉は嘘つき」と言われるように、言葉というものは、その場しのぎで、気持ちとは正反対にも使われます。もし、同じミスを何度も繰り返すようだったら、いくら「わかりました」と言われても、本心では「わかっていない」ことになります。経験の浅い部下に対しては、相手の腑に落ちるまで、くどいくらい徹底することです。

一方で、ベテランの部下には、言葉すら要らないケースもあります。

私が編集長時代に、営業の中堅メンバーと営業同行をしたことがありました。先方は非常に大切なクライアントだったのですが、そのときに最も必要なプレゼン資料を忘れていたのです。本人は現場でそれに気付いたのですが、時すでに遅し。仕方なく、資料なしのまま二人で先方を説得しました。逆にその一生懸命さが先方に伝わったのか、無事受注でき、事なきを得ましたが、冷や汗ものでした。帰りの電車の中で、「すみません」と謝る部下に対し、私は目を見て「うん」とだけ頷きました。それで通じたのです。

本人がミスしたことを誰よりも一番後悔している場合は、クドクド言う必要はまったくありません。

②叱る場所がどこなのか？

「叱る場所」も考慮する必要があります。私は基本的に叱るときには、二人きりになれる場所（会議室や応接室などの閉ざされた空間）で、個別に話すように心がけています。

しかし、叱る内容を他のメンバーに聞かせたほうがいい場合や、叱ることで会社の方針や上司として何を大切にしているかの価値観を共有したい場合には、あえてメンバー全員の前で叱ることもあります。そうすることで、同じ失敗を全員がしなくなるという効果があるからです。

この話は、知り合いの映画プロデューサーから聞いたのですが、クランクインの初日に必ずベテランのスタッフを叱り飛ばす映画監督がいるそうです。「○○さんともあろう人が、こんなことじゃあ、困るよ！」と。これは確信犯的にやっているそうなのですが、あえてベテランを叱ることで、撮影現場に緊張感を生み出すのだそうです。そのひと言で現場がピリッと締まるというから、狙いどおりの効果を生んでいるのでしょう。

スポーツの世界でも、監督やコーチが、あえて全員の前で主将やリーダー格の選手を叱って、全員の奮起を促すシーンをよく見かけます。

ただ、繰り返しになりますが、叱るのを感情に任せてはいけません。気分のままに多くの人たちの前で叱ることが、「悪い空気」を生み出して、組織全体のモチベーションを下げてしまうことがあることも、上司はちゃんと理解しておかねばなりません。

③どんなタイミングなのか？

叱るのには、その場で即座に叱ったほうがいい場合と、後から時間を置いて叱ったほうがいい場合と、両方のケースがあります。

例えば、叱られる内容が時間経過とともに薄くなっていくようなケースでは、その場で叱ったほうが相手の気付きは大きいはずです。しかし、叱られる内容が事実関係をちゃんと把握してからのほうがよいケースや、叱る相手の精神状態を考えた際に気持ちが落ち着いてからのほうがよいケースなどでは、それなりの時間を置く必要があります。

原則的に私は、叱るときには、タイミングは早いほうがよいと考えます。場所の確保などを考えると、すぐに叱りにくいときも多いのですが、「明日でもまあいいか」ではなく、「なるべく今日中に」というスタンスでいます。

叱ったときほど、最後は明るく「期待の言葉」で切り上げること

さて、ケーススタディに戻りましょう。ここまでの説明が、設問の解説にもなっていると思いますが、あらためて、Bさんに対する対処としてはどうでしょう?

私だったら、Bさんについては、会議の冒頭で叱るようにします。ひと言で構いません。「時間を守る」というルールを徹底するためなのはもちろんのこと、全員へ納得感、公平感をもたらすためです。また、相手によって「叱る」「叱らない」の特別扱いをしないということです。

そして、会議が終わったら、「ちょっと残ってくれ」とBさんと個別に話をします。Bさんなりに言い分があるかもしれませんし、遅刻したことについて本心ではどう思っているのか、腑に落ち具合を再確認します。本人が反省していることがわかれば、やはりクドクドとは言いません。「僕からの話はこれで終わり」で、「みんなのお手本となる立場なんだから、頼むよ」という励ましの言葉で切り上げます。叱ったときほど、最後は明るく締めることを意識してください。

一方、Cさんの場合ですが、このケースでは、第四章でも説明したファクト・ファインディングを思い出してください。事実の確認をしなくてはなりません。経理部の課長が言ったこととCさんの言い分をヒアリングした上で、両方の話から判断する必要があります。もし、話が事実だったら、なぜそのようなことをしてしまったのかを十分に聞いてあげた上で、自分なりの考え方を伝えて反省を促します。

この場合も、自分の考えを一方的に押し付けるのではなく、あくまで本人が気付くような流れに話を持っていくよう意識します。Cさんのケースで注意することは、この件はあくまで二人だけの話で終わらせるということです。全員の前で叱ったりして、リーダーとしてのプライドを傷つけることは誰の得にもなりません。相手が本心から気付いてくれたら、最後は明るく「期待の言葉」で切り上げます。ネチネチいつまでも言わないし、次の日にまた繰り返したりは絶対にしないことです。

叱るのが苦手な人ほど、叱ると効果が出る

性格的にも叱るのが苦手だった私でしたが、だからこそ意識的に「叱る」ことから逃げないようにしてきました。「叱ることは上司の役割」だと思えば、性格がどうであれ、「叱る」という行動はやってやれなくはありません。

なぜなら、マイナスの部分に目をつぶり、いつも許してしまうと(なあなあで終わらせてしまうと)、組織は絶対にゆるくなってしまいます。結果的にミスが起きやすくなったり、遅刻が当たり前になったり、雰囲気がたるんできたりします。「叱る」というのは、間違いを許さない、いいかげんな態度を許さないという当たり前のことを当たり前にするための行動なのです。

それに、普段は柔和で滅多に怒らない人が、たまに厳しい顔で叱ると、効き目がある

のも事実です。叱るのが苦手な人ほど、叱ることから逃げずに、自分らしい叱り方というものを手に入れて欲しいと思います。

「人間、叱られなくなったらおしまい」という言葉があります。叱られるのは、誰でも嫌なことかもしれませんが、一番きついのは無関心です。部下も、そのことには敏感です。上司から無関心でいられるより、叱られたほうがよっぽどありがたいのです。

ほめるのは、「結果を」「部下の成長に応じて」「全員の前で」「具体的に」

「叱る」ことほどは難しくありませんが、「ほめる」ことにも触れておきましょう。

「ほめる」ポイントは4つあります。

①プロセスではなく結果をほめる

「がんばってるね」というプロセス評価ではなく、「がんばったね」という結果の評価を意識してください。プロセス評価をしてはいけないということではありませんが、プロセス評価はとかく主観が入ったり、表面的なものに左右されがちです（例えば、業務の内容も知らずに毎日残業が続く社員を「感心だ」とねぎらうようなものです)。

部下は誰でも、「自分はがんばっている」と思って仕事をしているものです。だからこそ、曖昧なプロセス評価で不公平な気持ちにするのではなく、誰が見ても明らかな結果で評価して、ほめてあげてください。

②部下の現状の成長過程を意識してほめる

これはどういうことかというと、部下の成果を、その部下の能力・スキル・経験などの成長過程の中で、相対的に評価してほめるということです。

これは当たり前のことなのですが、ベテラン社員による500万円の受注よりも、新入社員による50万円の初受注のほうを、みんなが喜んだりするということです。組織や上司による期待値(つまり目標)に対する結果が成果なわけですから、それをきちんと見極めてほめてあげましょう。

③全員の前で、多くの人に伝わるように

叱るのが、閉ざされた空間での二人きりを基本とするならば、ほめるのはまったく正反対です。全メンバーの前で大勢に伝わるようにほめてください。上司が何をほめるのかが全員で共有できれば、部署としての目標や方向性も明確になります。売上の絶対額は大きくなくても利益率のいい商品を売った人をほめれば、「そうか、うちの会社は利益重視なんだな」とみんなが思ってくれるわけです。

そして、ほめるということは、今この部署で誰ががんばっているのかを他の部署や全社に伝えるチャンスでもあります。私はなるべく朝会などで、他部署に聞こえるように、ほめたり表彰状を贈ったりしていました。すると、必ず周りから「今日は〇〇さん、どうして表彰されたの？」などと聞かれて、それが本人の励みにつながっていたのです。スターを作る（育てて全社向けに演出する）ことも上司の大きな責務です。

楽天の野村監督は、選手の愚痴ばかり呟いているイメージがありますが、試合後のぼやきも、それがメディアを通じて選手にどう伝わるかを必ず計算していて、実はモチベーションを上げるのが非常にうまい人でもあるのです。

④具体的なエピソードや数字を用いて

先ほど、表彰状の話をしましたが、表彰状はリクルート時代から私がずっと続けてきた「ほめる」仕組みです。年度末や四半期ごとに、「ＭＶＰ」や「殊勲賞」「敢闘賞」「技能賞」「新人賞」など、それぞれ評価するポイントを明確にした賞を作り、幹部会や経営会議でその賞に相応しいメンバーを業績や活動報告書などに基づき選出して、表彰するのです。

最も工夫するのは表彰状の文面でした。型どおりの表彰状では意味がありません。なぜこの賞に価するのかを、具体的なエピソードや業績数字を盛り込みながらリアリティのある内容に仕上げるのです。読み上げられているときに、聞いている人たちが受賞者のがんばりをイメージできて、しかもウケまで狙える文章を作るのです。

キネマ旬報社でも、この表彰制度を新たに導入しましたが、社員の大きな励みになってくれました。それまでは忙しくて自分の担当する仕事に精一杯で他部署まで意識が回らなかったのに、この制度のおかげで他部署のメンバーの業績に関心を持ち始めてくれたことが最も大きなことだったと思います（もちろん、担当上司が表彰状の文面を考えるのに深夜まで何時間も頭をひねってくれたおかげですが)。

表彰状だけでなく、みんなの前でほめるときにも、具体的なエピソードと成果をイメージしやすくさせる数字をセットでいつも意識しておくといいでしょう。

ほめることは、部下のモチベーションを高めるのにとても有効な手段です。部下の成果に対して会社として金銭で応じることも重要ですが、それには限界もあります。「人はパンのみに生きるにあらず」という聖書の言葉がありますが、上司のちょっとしたひと言や、たった1枚の表彰状が、ある人にはかけがえのない宝物になることもあるのです。

この章では、部下のほめ方と叱り方をお伝えしました。「威厳」からは少し離れた内容になりましたが、「威厳」のある上司は、不思議とほめ方や叱り方もうまいものです。私の経験上、「さすが!」「参った!」と思う上司は、ほめるときも叱るときも、みなさん一様に絶妙のタイミングで行っていました。タイミングを間違えないということも、「威厳の技術」には欠かせない重要なポイントなのです。

第七章のまとめ

① 部下に対する深い愛情がなければ、部下の「やる気」を引き出すことはできない。

② 自分の感情に任せて部下へ八つ当たりしたり、怒鳴り散らすことは、上司として失格。

③ 叱るときは、「相手が誰か？」「場所」「タイミング」の3つのポイントに注意。

④ 叱ったときほど、最後は明るくフォローし、「期待の言葉」で切り上げること。

⑤ ほめる4つのポイントは、「結果を」「部下の成長に応じて」「全員の前で」「具体的に」。

第八章　守り、育てる

部下を幸せにする「頼れる上司」になるための心構え

「『この目で見るまでは信じない』という人が多いが、
実は『信じれば見える』のだ」

――ジョン・オキーフ

人事考課で部下を評価(査定)するのは、「部下のため」

これまで、上司の役割について、あれこれ書いてきましたが、ちょっと整理しただけでも、「空気を変える」「空気を作る」「部下のやる気と能力を引き出す」「目標を達成する」「部下のモチベーションを高く維持する」「部下を育成する」「部下の能力開発をする」「高い業績を上げる」「〝嵐〟をきっかけに本音で部下の中に飛び込んでいく」「日々判断する」「ブレない」「逃げない」「迷わない」「後悔しない」「リスクを背負って前に進む」「情報収集する」「任せる」「叱る」「ほめる」……などなど、たくさんありました。

この章では、まだ触れられていない、その他の「役割」について話していきましょう。「部下を評価する」ことも、上司には必ずついてまわる役割です。最低でも年に1回(多い人は4回くらい)は、部下を評価制度(人事考課)のもとに、査定しなくてはなりません。

新任マネジャー研修などで、「評価するのが苦手です」「評価に自信がない」という声をよく聞きます。中には「私は人を評価したくありません」という人もいたりします。

しかし、上司の評価は、部下の給与や賞与を決める大きな拠り所ですし、その評価がなければ、育成プランや能力開発の指標も作ることができません。評価は本来部下の成長のために行うものなのです。評価することを嫌がっている上司は、この機会に考え方をあらためてください。部下のためにも、評価から逃げてはならないのです。

ただ、人が人を評価するわけですから、「絶対」という世界はありません。しかし、その評価によって人生が左右される身になって考えれば、「絶対」に近付く努力は必要です。

ここでは、評価者が陥りやすい現象についてまとめておきましょう。

①ハロー効果

顕著な特徴や部分的な印象に引きずられて、他の特徴や全体への評価がゆがめられ、その人を誤って推し量ってしまう現象のことです。心理的効果の一種で、「ハロー」とは、「後光が差す」の後光のこと。よって、ポジティブな方向へのゆがみを指すことが多いのですが、ネガティブな方向へのハロー効果も存在します。海外からの訪問者に部下が応対したときに、流暢《りゅうちょう》な英語をしゃべったから、それだけで仕事ができるビジネスパーソンだと思い込んでしまうことや、たまたま営業同行した部下が電卓を忘れていたから、確動性が低いと思い込んでしまうことなどです。

②対比誤差（対比効果）

最初に提示されたものを基準に、次のものを評価してしまう現象。飛びぬけた業績を上げたメンバーを高く評価した後、次のメンバーには厳しい評価を下してしまう傾向のことです。対比誤差には、評価者である上司が自分自身を基準として、部下を評価してしまう傾向のことを指すこともあります。自分の営業スタイルや価値観、性格と似た人には評価が甘く、異なる人には評価が厳しくなることです。

③近接誤差（最近効果、直近効果）

直近の出来事が印象に残ってしまい、評価する基幹全体の評価がゆがめられてしまう傾向のこと。

④中心化傾向

的確な判断が下せず、評価が中心（5段階の3、普通、どちらとも言えない……など）に集まる傾向のこと。部下を評価する材料が不足していたり、そもそも評価する自信がなかった場合に、差をつけることができずに中心に偏ってしまうのです。

⑤寛大化傾向

実際よりも甘い評価になる傾向を指します。「部下から嫌われたくない」「評価のフィードバックの際に嫌な思いをしたくない」という上司が陥りがちです。

⑥厳格化傾向

寛大化傾向とは反対に、実際よりも厳しい（辛い）評価になる傾向。「部下は厳しく育てるべきだ」と思っている上司、日常で厳しい指導ができない分、評価のときに限って厳しくする上司、若いころに自分自身が苦労していて、「今の若者は甘えている」という思いの強い上司などが、この傾向になりやすいのです。

⑦逆算化傾向

昇給・賞与の額の決定や、昇格など処遇への反映のために、最終評価だけを意識して評価し、細かい各評価項目では、実態と合わない評価や雑駁《ざっぱく》な評価をしてしまうことです。こういう傾向のある上司は、人事考課を処遇面でしか考えない人に多く、部下の育成的な機能をあまり認識していません。

⑧ステロタイプ評価

パターン化して判で押したような評価の考え方を、根拠なく持っていること。偏った判断基準を持って、部下を評価してしまうことです。偏った判断基準には、思い込み、固定観念、先入観、偏見などがあります。ステロタイプ評価には、「肥満の人は、仕事ができない」「字の下手な人は、事務処理能力が低い」などがあります。血液型を聞いて、「キミは大雑把」「あなたは几帳面」などと決め付けてはいけません。

以上が、評価の注意ポイントです。

なかでも中心化傾向や寛大化傾向は、部下と向き合って厳格な評価をするという行為から逃げてしまいがちな上司が陥りやすいものです。そもそも「正しい評価」をしようという姿勢から逃げ出してしまっていては、「威厳」も何もあったものではありません。信賞必罰という言葉がありますが、それを行ってこそ、頼られる上司になれるのです。

人が人を評価することの難しさを理解していただけたでしょうか？　それらをわかった上で、「部下のため」という気持ちを忘れず、できる限り公平で公正な評価をしてください。

どの上司も、優秀な社員を自分の部署に欲しい

人事異動もまた人事考課と同様に、上司の仕事の中で大きな比重を占める業務のひとつです。とりわけ、直属の部下の人事異動は上司にとって大きな関心事だと思われます。

上司の業績は、部下の業績の集合体なわけですから、優秀な部下を自分のもとに確保し

たいというのは偽らざる本音だと思います。

実は人事異動には、現場の上司による要請の観点だけから考えると、基本的に大きくふたつの理由しかありません。それは、
①欲しい人材を他部署から引っ張りたい
②（自分の部下の中で）要らない人材を他部署に出したい
というものです。

明確な数字という責任を負っている営業部門の上司なら、どんな売上目標であろうと何が何でも絶対に達成させる目標達成意欲の高い部下は、喉から手が出るほど欲しいに違いありません。研究開発や商品企画の部門の上司なら、開発力や企画力に秀でた部下を血眼になって探すでしょう。戦いに出陣するときに、頼りがいのある兵士を揃えているのといないのでは、天と地ほどの差があります。

一方、いつも目標を外してしまう部下、どうしても結果を出せない部下は、上司にとってみればお荷物です。機会があれば、放出したいと考えるのも無理はありません。

しかし、どの上司も同じ考えなら、人事異動というものは成立しなくなります。優秀

な人材は誰でも欲しいけれど、今の上司が手放さないし、放出したい人材は、引き受け手が誰もいないからです。

そこで、「全社的な見地から」という考え方が導入されます。「今度の新規事業は社運を賭けているのだから、エース級の彼をぜひそこに……」「彼女は同じ部署にもう4年もいるのだから、そろそろ他の仕事でステップアップさせたほうが……」「彼にも別の環境でチャンスを与えてみよう」など、上司の事情は考慮せずに、人事部（もしくは社長）が絶対的な意思をもって決定するのです。

できる部下を他部署に取られたり、ダメな部下を他部署から押し付けられたり、そんな経験をしたことのある上司は少なからずいるはずです。

ダメ社員の烙印を押された部下を引き取り、再生させる"トク"

それでも、全社的見地からの人事異動に異を唱えて、決して譲らない管理職の方もいます。駄々をこねるわけです。確かに、駄々のこね得ということもあります。しかし、私はどちらかというとスンナリ受け入れ組でした。受け入れる理由はいくつかあります。

①「育成能力のある上司」として評価される

最も大きな理由は、人を育てるという仕事に喜びを感じるからです。「人は変わる」生き物です。「人は成長する」ものなのです。「野村再生工場」ではありませんが、他の部署で使えなかった人材を、自分のもとで「使える人材」に育てていくのは、上司冥利《みょうり》に尽きる仕事です。優秀な部下を持ち業績をあげることは普通のことですが、「ダメ社員」の烙印を押された部下を引き取って再生させれば、一目置かれること間違いありません。人事部（や社長）に貸しを作れますし、今の時代、人を育てる力を持った管理職は、社内から（社長や人事部から）必ず高く評価されます。

②不揃いな組織ほど活性化する

第三章で、不揃いな人材が集まったチームについて触れましたが、「デキる部下」と「そうでない部下」とがいるからこそ、組織は活性化するという側面もあります。「262理論」という組織論がそうです。組織というものは、優秀な人が2割、普通の人が6割、お荷物が2割で必ず構成されるという考え方です。そして、どんなに優秀な人たちばかりを集めても、結局はこの比率で分布されてしまうというのです。他球団から4番バッターばかり引き抜く巨人軍がそうですが、不思議なことに4番クラスが揃っても、いったん7番を打つようになると、7番バッタークラスの仕事しかしなくなるものなのです。

「デキる部下」ばかりが集まると、堅苦しい組織になりがちですが、「できない部下」は、えてして「ムードメーカー」になったり、叱られ役を引き受けてくれたりして、数字には表れない仕事をしてくれるものなのです。

③メリハリのある査定点をつけやすい

「デキる部下」ばかりがいる組織では、人事考課の査定点をつけるときに、どうしても中心化傾向に陥りやすいのです。企業によっては、部署ごとに査定点の平均を持ち点として上限設定がされていることも多く、優秀な人ばかりが集まった場合、差をつけにくくなります。「デキる部下」ばかりいることで、結果的に不満を溜め込む部下が増えてしまうということになりかねません。

その点、「できない部下」は査定点でマイナスを引き受けてくれる分、「デキる部下」にメリハリのある高得点をつけることができ、モチベーションが上がるという効果があります。この考え方は意外に見落とされがちですが、人事考課が個人のモチベーションを大きく左右することを考えれば、もっと気付かれていいポイントだと思います。

そして、査定点の低い人材も次回以降は点数を引き上げられるよう、育成のマネジメント努力を怠らないことです。このプラスの循環ができて初めて、真の「再生工場」と言えるわけです。


このように、部下を選り好みせずに、広く引き受ける度量も「頼れる上司」の条件になります。ダメ社員を引き受けることは、大きな目で見て「得」であり、あなた自身の「徳」につながる、というわけです。

部下の健康管理は、何ものにも優先されなくてはならない

ビル建設の工事現場などで、「安全はすべてに優先する」という標語を見かけることがあると思います。同様に、「部下の健康は何ものにも優先される」必要があります。部下が健康な状態で、安心して仕事に取り組むことができるように快適な職場環境を整備することは、上司の責任でありマネジメントの根幹に位置付けられるのです。

上司は、常に部下の健康状態を把握するとともに、健康に影響のある有形無形のものに対して、細心の注意を払うよう心がけなくてはなりません。

労働時間、労働環境、人間関係、極度のストレスなどです。また、顧客からの理不尽な無理難題、差別やセクハラ、職場内のいじめなどから部下を守ることも上司の責務なのです。

「部下のモチベーションを上げる3原則」と「部下を動かす5つの力」

部下にワクワク、イキイキと働いてもらうには、まず上司であるあなた自身が、ワクワク、イキイキと働かなくてはなりません。

上司は、部下にとって鏡のような存在です。あなたの組織が、「ちょっと元気がないなあ」とか、「なんだか浮き足立ってるぞ」と感じたら、まず自分自身がどうなのかを点検してみてください。自分自身のモチベーションが下がっていては、部下に「モチベーションを上げろ」と鼓舞することもできません。

冒頭で上司受難の時代だ、と書きましたが、組織で働くということは、つらいこともあるけれど喜びも大きいものです。仲間と一緒に同じ目的を持って前に進むこと。そこから生まれる喜怒哀楽。そんな喜怒哀楽を仲間とともにできることが、人生の喜びのように思います。

そこで最後に、「部下のモチベーションを上げる3原則」と「部下を動かす5つの力」についてまとめることで、締めようと思います。今までこの本で書いたことの繰り返しになりますが、整理する意味でお聞きください。実はこれらは、私がリクルートで管理職になったときの新任マネジャー研修で、ある先輩社員からいただいた言葉で、今でも私が大切に手帳に貼っているものです。みなさんの参考にしていただければ、幸いです。

「部下のモチベーションを上げる3原則」

①目標の共有

目標を明確にすることは、組織作りの基本です。上司として、進むべき方向（ビジョン）をハッキリと示しましょう。その際に心がけることは、意味の共有ではなく、意識の共有です。

②情報の共有

情報の共有とは、限られた人にしか情報が流通しない状態ではなく、みんなに公平にオープンになるということです。上司と部下の「縦のコミュニケーション」だけでなく、部下同士の「横のコミュニケーション」の両方を意識してください。

③権限委譲

部下に仕事を任せていかない限り、組織は絶対に成長しません。そのためには「いつ自分がいなくなっても大丈夫」な人材を育てることです。そうやってこそ、自分もまた次のステップに進めるのです。

「部下を動かす5つの力」

①専門性＝「すごい！」と思われること

この分野だけは、誰にも（どんな部下にも）負けないというスペシャリティです。

②人間力＝「すてき！」と思われること

トータルでの人間的な魅力のことです。全人格をもって磨いていかなくてはなりません。

③一貫性＝「ブレない！」と思われること

第五章で書きましたが、揺るぎない一貫性こそ、部下に大きな影響力を発揮します。

④返報性＝「ありがたい！」と思われること

その上司と一緒にいると、物心両面で「何かと得をする」ということです。

⑤威厳の力＝「こわい！」と思われること

この本のテーマです。「畏れ」や「厳しさ」が、部下を統制し、強い組織を作ります。

第八章のまとめ

① 評価は本来部下の成長のために行うもの。なので、評価から逃げてはいけない。

② 部下を選り好みせずに、広く引き受ける度量も必要。

③ 部下の健康管理は上司の最優先の責務。

④ 「目標の共有」「情報の共有」「権限委譲」が部下のモチベーションを上げる3原則。

⑤ 「すごい」「すてき」「ブレない」「ありがたい」「こわい」が、部下を動かす5つの力。

おわりに

序章で、「マネジメントは才能ではなく技術です。だから努力すればなんとかなります」と言いました（この本を読んで、自分のマネジメントのスキルアップに少しは役に立ちそうだと感じていただいた方がいれば幸いです）。

ただ、「技術だけでは解決しない」のがマネジメントです。序章で、マネジメントの基本は「技術」と「覚悟」と言いました。「覚悟」を他の言葉で言い換えると、「気持ち」や「マインド」ということになります。マネジメントは、最後の最後には「気持ち」の問題です。どんなに時代が変わろうと、どんなに環境が変わろうと、そのことには変わりません。

「では、技術をいくら磨いても意味がないではないか」と叱られそうですが、そんなことは決してないのです。

スポーツのアスリートたちがオリンピックや世界大会で試合に臨むときに、最も大事なものは何でしょうか？　その結果に最も影響するものは何でしょうか？

やはり「気持ち」です。今まで到達できなかった記録に挑戦する際に、最後の最後にものを言うのは、強い「気持ち」なのです。しかし、その基礎を支えるものは、「技術（テクニック）」に他なりません。

ハンマー投げの室伏広治選手が、毎日毎日、重いハンマーを投げ続けるトレーニング風景をテレビの特集番組で見たことがあります。体重を傾ける角度やハンマーを指から放すタイミングを、何度も何度も繰り返しては、体に叩き込んでいくのです。その高度なテクニックが体に叩き込まれて初めて、遠くに投げるフォームが自然と自分のものになっていくのです。

一度、技術が体に叩き込まれてしまえば、試合のときには、それを意識することなく、自ずと体が動くはずです。技術がそのレベルまで到達していることが前提で、そこから先の結果を大きく左右するのが、「気持ち」なのです。アテネオリンピックで金メダルを獲得したときの、室伏選手の投擲《とうてき》後の雄叫びが、印象に残っている人も多いと思います。あの雄叫びこそ、「気持ち」の表れなのです。

最後のお願いになりますが、上司のみなさんには、「技術を学び続ける姿勢」と「強い気持ち（覚悟）」を持っていただければと思います。「才能」も「センス」も関係ありません。一流の選手が二流の監督で終わってしまう場合があるように、二流の選手が一流の監督になることだって十分可能なのです。部下のときには今一つ実績が残せなくて、上司になって初めて実力を発揮する人がいても何らおかしくはありません。

そのためにも、「技術」と「気持ち（覚悟）」だけは必要です。どんな問題も解決し、どんな目標達成も可能にする「威厳ある上司」をぜひとも目指してください。

＊　＊　＊

実は、この本を書く途中で、何度も読み返したノートがあります。私がリクルートで管理職になったときに作った「マネジメントのメモ」というノートです。新任マネジャー研修で、役員や社内講師に教わった話をメモしたときから、つけ始めたノートです。

その後、私が人事課長になり、管理職研修の講師として、今度は教える側になったときにも、そのノートはネタ帳となりメモは増え続けました。リクルートを離れ、いくつかの会社で経営の一端を担う立場になっても、ノートを参考にし、メモは増えていきました。

この本は、その「マネジメントのメモ」というノートがなければ、書けていなかったかもしれません。ケーススタディのいくつかは、そのノートにあったものをアレンジして作りました。もう20年以上も前のものですが、上司がマネジメント上で直面する課題というものは時代を超えるものなのだと実感した次第です。


今、リクルートを退職して約10年になります。その後、ベンチャー企業や老舗の企業を転々としてきましたが、リクルートで教わったことが、自分の血や骨になっていることだけは曲げようもない事実です。そういう意味でも、リクルートという会社、その社風、そのときどきの上司、先輩、仲間……、みんなに感謝の気持ちで一杯です。

何を隠そう、幻冬舎の編集担当・袖山満一子さんもそんな仲間の一人でした。あらためてこの場を借りて心から感謝いたします。

2009年1月

田中　和彦

参考資料

『君主論』マキアヴェッリ著（岩波文庫）
『マキアヴェッリ語録』塩野七生著（新潮文庫）
『桃太郎の教訓』扇谷正造著（ＰＨＰ文庫）
『リーダーのためのＮＬＰ心理学』菅谷新吾著（ＳＢ文庫）
『チーム・ビルディングの教科書』ハイパフォーマンス・チーム研究会（秀和システム）
『【入門】チーム・ビルディング』インタービジョンコンソーシアム（ＰＨＰビジネス新書）
『コーチングマネジメント』伊藤守著（ディスカヴァー）
『黒澤明の世界』佐藤忠男著（朝日文庫）
『権威』後藤静香著（善本社）
『経営のコツここなりと気づいた価値は百万両』松下幸之助著（ＰＨＰ文庫）
『暗い奴は暗く生きろ』生嶋誠士郎著（新風舎）

著者略歴

田中和彦《たなかかずひこ》

一九五八年大分県生まれ。一橋大学卒。リクルート入社後、転職情報誌『週刊ビーイング』『就職ジャーナル』などの編集長を歴任。ギャガ・コミュニケーションズ、キネマ旬報社代表取締役を経て、現在、企業の人材採用・教育研修・モチベーション戦略をテーマにコンサルティングを展開する株式会社プラネットファイブ代表取締役に。

〝今までに2万人以上の面接を行ってきた〟人材コンサルタント兼コンテンツ（映画や出版）プロデューサーとして活躍。

著書に、『あなたが年収1000万円稼げない理由。』（幻冬舎新書）、『やりがい論』（大和書房）、『年収アッパー!』（イースト・プレス）など。

連絡先:planet5@y8.dion.ne.jp

幻冬舎新書 111

威厳の技術［上司編］

二〇〇九年一月三十日 第一刷発行

著者 田中和彦

発行者 見城 徹

発行所 株式会社 幻冬舎

〒一五一-〇〇五一 東京都渋谷区千駄ヶ谷四-九-七

電話 〇三-五四一一-六二一一（編集）

〇三-五四一一-六二二二（営業）

振替 〇〇一二〇-八-七六七六四三

ブックデザイン 鈴木成一デザイン室

印刷・製本所 中央精版印刷株式会社

検印廃止

Printed in Japan ISBN978-4-344-98110-2 C0295

た-3-2

幻冬舎ホームページアドレス http://www.gentosha.co.jp/

＊この本に関するご意見・ご感想をメールでお寄せいただく場合は、comment@gentosha.co.jpまで。